風花雪月話古今
戴忠仁的國寶檔案

戴忠仁／著

藝術家

序一　怡情樂志　玩物有成

認識戴忠仁先生是因為他曾是台視晚間新聞主播，專業形象令人深刻。其後偶爾觀看他所主持的「國寶檔案」，原以為他是以口齒清晰、相貌端正，獲得製作單位賞識，聘為主持人；直至今年7月，他來故宮採訪「金成旭映——清雍正琺瑯彩瓷特展」專題報導，才知道他對文物的熱情與熟悉，並在《藝術收藏＋設計》主筆「文物專欄」三年多。10月間，戴先生寄來《風花雪月話古今》電子檔，索序於我，我慨然承諾，豈知公事繁忙，一拖竟至兩個多月，然念茲在茲，常在批畢公文就寢前的深夜，翻閱集結成冊的三十多篇文物瑣談，方見識到先生文史知識的淵博。

戴先生「文物專欄」的特色，是結合了歷史典故、考古發現、觀展心得、文物市場、新聞報導、藝文活動及個人喜好與聯想等，以流暢輕鬆的文筆，娓娓道出他對特殊文物的心得與看法。先生眼光銳利，常能發現別人不易察覺或被忽略的文物，通過妙筆，呈現於讀者面前。例如2010年10月，國立故宮博物院推出「文藝紹興：南宋藝術與文化特展」，十間陳列室選展南宋文物三百餘件，先生觀展後出人意表撰文選介了其中三件，兩件是已老化泛黃的古籍——宋慈的《洗冤錄》與《楊輝算法》。前者是一部法醫專書，先生介紹了宋慈其人其事，並感慨說：「有多少台灣民眾知道，中國有最悠久的法醫制度，宋慈的《洗冤錄》比歐洲早了三百年！」《楊輝算法》則證明了十世紀中國的數學家已能掌握高次開方計算，比1642年法國數學家發現的「巴斯卡三角」運算也早了三百年。這類記載著宋代文明的典籍，因外表不起眼，未能吸引眾多觀眾注目，先生為之發出不平之鳴：「這些古人的心血實在不應被如此冷淡對待」（詳〈CSI在故宮〉）；無獨有偶展覽期間另一位對宋人科學成就發出讚嘆並向策展團隊致意的觀眾是中華文化總會會長劉兆玄先生。先生關注的第三件展件是〈宋高宗賜岳飛手敕〉，在〈皇帝與刺青客〉一文中，充分展現了作者史識、史情與藝術鑑賞力。開創南宋偏安之局

的宋高宗，是徽宗第九子，才華洋溢，書藝成就高，手書〈賜岳飛手敕〉極受書法愛好觀眾賞識，作者則撥開藝術成就表層，為讀者介紹這對君臣對抗金禦敵事件中的矛盾；岳飛赤膽忠心要雪靖康恥，直搗黃龍，救回徽欽二帝；對高宗而言確保偏安政局，「直把杭州當汴州」方為上策；秦檜的十二道金牌、岳飛的悲慘結局，都因君臣政治矛盾而產生。兩篇各一千多字的文物專欄，道盡先生深厚的史識與博學，且對故宮推廣教育作出具體活潑的建議，不知先生願否成為本院展覽推出前的咨詢顧問？

以上三例僅點出《風花雪月話古今》收錄的三十多篇文物瑣談特色一二，並不能概括全貌。總之，先生慧眼獨具，選介的文物不一定是曠世名品，卻能道出文物背後深層的意涵；即便是介紹〈北宋張澤端清明上河圖〉、〈元黃公望富春山居圖〉等巨蹟，也以不同於一般藝術鑑賞者的觀點切入，為讀者講述鑑賞之外的流傳典故。再者，先生人生閱歷豐富，是資深媒體人、藝文愛好者、文物收藏家、專欄作家及教育推廣者，這些經歷均一一反映在他的專欄著作中；最令我訝異的是他閱讀涉獵廣闊，旁徵博引，具見文中，讀來令人信服。

清高宗乾隆皇帝在《日知薈說》卷一引《周禮》說：「民以食為天，民食足而後興教化，教化興而後國治安，國治安而後祖宗之器得以常守而弗墜。」又云：「周禮天府掌祖廟之守藏，凡玉鎮大寶器藏焉。」乾隆皇帝以在位一甲子的歲月努力收藏與製作，除了以他喜愛藝文鑑賞與幾暇怡情解釋外，筆者認為更大的驅動力是他以豐富的天府典藏證明他的時代是「民食足、教化興、國治安」的盛世，他做到了《周禮》所載儒家思想下偉大君王典範；乾隆皇帝的鑑藏與製作至今仍為收藏界所傾倒，誰敢說「玩物喪志」呢？《風花雪月話古今》先生自序云「就是好玩」才浸淫於藝文天地；細讀全書，筆者以為先生因「怡情」進入文物世界，鑑藏賞玩有得而「樂志」成為專欄作家，三年如一日甘之如飴挑燈撰稿至半夜，為愛好文物的讀者服務，正是「好玩」有成的表現。

馮明珠

（國立故宮博物院院長　馮明珠　2013年歲末）

序二

今天台海兩岸的收藏風氣都很盛，談論文物的文章也很多；忠仁兄的作品則在其中獨樹一幟、卓然不群。

說到文物，我常覺得，鑑賞重於收藏。鑑者能知真假，賞者能知其趣，而收藏只不過是花錢亂買東西。只要有閒錢，幾乎每個人都可以去買些東西囤積起來，自稱為收藏家；但如果不能鑑，買的都是假貨，或者不懂得賞，對文物「莫名其妙」，那收藏就沒什麼意思，有時還會遭到別人的背後嘲笑。

當然有的人會說，收藏是投資，能賺錢就行，不必管甚麼鑑賞。但是，如果不懂得鑑賞，就無法判斷文物的價值，就只能跟著別人亂買，如此怎可能賺錢呢？

如果要比較鑑與賞，當然是賞比較重要。鑑定的功夫只是消極地讓我們避免買到假貨，而懂得「賞」，才能讓我們積極地發掘出文物的價值。忠仁兄的文章，都在引導我

們，如何去欣賞各類文物；他旁徵博引、娓娓道來，把文物跟歷史、典故、人物都連接起來，讓文物有了時空的縱深，也充滿人文的趣味及關懷。

像本書中談到的「龍椅」，讓我們看到故宮龍椅的曲折經歷，包括著名的歷史人物以及拍賣的過程，也讓龍椅充滿了傳奇色彩。這類的典故及人事滄桑，當然都會大大增加文物賞玩的價值。

看了忠仁兄的文章，我們明白，文物的欣賞需要文化的底蘊。忠仁兄熟讀歷史，又能勤於考證，談起文物的深度、廣度，都讓人欽佩；加上忠仁兄的文采風流，使文章深具文學的高度與趣味。賞玩文物時能有此書作參考，是一種提升，也是一個福分。

（聯電集團 榮譽董事長 曹興誠）

序三　泛觀事物　笑談古今

忠仁兄收集文物近三十年之久，古人說：玩物喪志，這句話卻不適用於他身上。一直以來，忠仁兄在生活中的角色扮演都拿捏得很好，記者、電視台主播、節目主持人等，大家都十分熟悉；而十年前他還取得國際認證，成為思考力訓練的講師，在海峽兩岸也辦學，用心做教育事業。

那天，在日本料理店巧遇，發現他依舊講究美食，饕客性情未改。這位朋友真能玩。早在1992年，和忠仁兄等一行到歐洲作博物館之旅，當年他才滿三十歲，我卻發現他和國際知名的骨董經紀已經往來頻繁；逛博物館時，原以為他專注於鼻煙壺的研究和收藏，這才見到忠仁兄不僅鍾情於中國文物，也流連於西方雕塑的展廳，顯然他是一位好奇心強、視野寬的年輕人。這也應該是他可以成為藝術專欄作家的一個原因。

早年我曾在海外收集、捐還山西省靈石縣資壽寺失落的十六羅漢及二童子，共十八尊頭像。當時這批佛首回到故

里時，大陸方面許多人士甚為感動。這樣親身的經驗，使我對書中的「流浪的菩薩回家了」這一篇，讀來特別有感觸。

忠仁兄的這本書集結了近年發表的文章，淺顯易讀，無論是否有收藏癖好，都可以讀得下去，打破一般人對藝術文物高不可攀的成見，這是此書的特色。忠仁兄旁徵博引，夾帶著輕鬆的故事、逸聞，文字傳神生動，的確是值得大家閱讀的好書。

回首與忠仁兄初識至今，已逾二十載，期許他熱情不減，繼續為我們笑談古今。

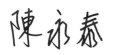

（震旦集團 董事長 陳永泰）

自序

主持電視節目《國寶檔案》有五個年頭，不過，本書所錄的文章與電視無關，而是我為《藝術收藏＋設計》雜誌專欄逐字耕耘的結果。說來還真有趣，從邀我寫專欄的第一任主編張素雯小姐，到其後繼任的兩任主編我從未謀面，感謝他們的抬愛和冒險精神。《藝術收藏＋設計》的發行人是何政廣先生，他所創辦的《藝術家》雜誌是台灣出刊歷史最久的美術類刊物。1991年1月我奉命前往沙烏地阿拉伯採訪第一次波灣戰爭，當時我的手提行李除了換洗衣物外，就只有一本《藝術家》雜誌；記得有一夜我在桌前看雜誌，伊拉克的飛毛腿飛彈來襲，飯店警報聲大作，房客們飛奔地下避難室，只有我和攝影記者莊濟維衝往大門外看飛彈往哪兒打，混亂和緊張結束後，竟發現我腋下還夾著《藝術家》雜誌！更沒想到的是，十九年後，我會為何先生旗下的《藝術收藏＋設計》寫專欄。

我有幸在中國藝術文物飆漲前涉獵其中，幸運的不是因為價格便宜，而是在當時認識許多真正對文物有熱情的正派人士，讓我沒走偏門，壞了眼力也壞了心眼。當市場行情

大好，超乎我等一般之輩的購買力時，突然接獲《藝術收藏＋設計》的邀請，開闢專欄讓我塗鴉，也讓我有寄情之所在。

相傳有一天乾隆皇帝來到金山寺遊賞，方丈遣知客和尚接待。知客和尚陪同乾隆來到長江邊，乾隆皇帝忽然發問：「請問法師，江中來往有多少船隻？」知客和尚徐徐道來：「常人看來長江之中每日千船百舸，來來往往，但在貧僧看來只有兩隻，一隻為名，一隻為利。」……其實現今所謂收藏領域有許多人也頗符合知客的描述，切莫以為我對這些朋友有貶，其實他們有目標性的浸淫在藝術文物中是件好事情，至於我為何攪和其中，其實只有一字「玩」，所以書中文字不夠講究，論點粗陋，各位看官也就別嫌棄了。

目　錄

目　錄

卷一

器

物之所以被創造出於種種原因，流傳到了現在，更承載著豐富的歷史與文化線索，如尋寶般，故事可被想像，真實可被推敲。

再加進鹽、薑、蔥、椒等調料，再沖水然後用茶碗分盛，茶碗下墊茶托，端給客人說「請吃茶」。

而唐朝皇室喫茶時的調味盤也極盡豪華之能事。

——摘自戴忠仁〈要快活就找茶〉

器物卷

說唐人喝茶不如說「喫茶」，

過程是把茶餅從茶籠中取出，

先經烘烤再用茶碾子研碎，

然後用茶羅子篩濾過，

將茶末收入抽屜中，

水燒開後，

先取出茶末置於茶盆，

加水調成糊狀，

1

龍椅

　　關芝琳、李嘉欣、蔡少芬這幾位港星共同交集之一是，都接受過富豪劉鑾雄所贈送的豪宅，不過一把椅子卻讓出手闊綽的劉鑾雄縮手了。2009年10月，蘇富比的香港秋拍推出乾隆御製紫檀木雕八寶雲蝠紋「水波雲龍」寶座，估價港元兩千萬至三千萬元，劉鑾雄出價到六千七百萬元就喊停了，最後由上海的富豪劉益謙以八千五百七十八萬港元成為這張龍椅的新主人，也創下中國家具拍賣的成交紀錄。

　　口袋不夠深的話，買張機票和門票，到北京故宮就可以看到皇帝的寶座，只是從1929到1964年這三十六年間，眾人在故宮所看到的那把龍椅是假的！那把龍椅寶座是袁世凱下令製造的，但袁世凱的皇帝夢很快就碎了，所以連他自己都沒有坐過那張龍椅。真正大清皇帝的龍椅哪兒去了？被當做廢物丟在倉庫裡！

　　當年袁世凱企圖建立他的洪憲王朝，於是他要全新的龍椅，工匠則參考了西方作品，於是才會出現有人批評的一把不中不西的高背大龍椅。最諷刺的莫過於當袁世凱垮台後，他從未使用過的龍椅卻擺在太和殿誤導大眾數十年。

清乾隆御製紫檀木雕八寶雲蝠紋「水波雲龍」寶座，是以紫檀木精雕而成，五個水波雲龍圖紋紋理細緻，光澤古樸，是目前拍場上最大的寶座之一。（圖版提供／蘇富比）

現在遊客在北京故宮見到的龍椅是修復後的真品。整座龍椅通體貼金、高束腰、四面開光、透雕雙龍戲珠圖案，這個用楠木所做的髹金漆雲龍紋寶座高度有172.5公分，看起來富麗堂皇，但坐上去是否舒服我倒是非常懷疑。椅背的正中是一條龍，椅圈上又還盤繞著十三條龍，龍椅寶座後方是一個大屏風，這七扇開啟的大屏風除塗金漆外，上面還有百龜、仙鶴、寶象、甪端的圖案裝飾。「甪端」是古代神話中的瑞獸，據說牠日行一萬八千里、通曉四方語言，只有碰到英明的皇帝才會俯首稱臣（由此可知自古以來政客的話都不用太相信）。

袁世凱的假龍椅還一度引起論戰。1947年故宮博物院接管了太和殿，有人主張，為了尊重歷史，應該繼續將袁世凱的龍椅保留原地原狀，有人極力反對，最後復古派獲

清康熙御製黃地填漆雲龍紋寶座，採用的是填彩漆做法，是傳世寶座中唯一結合填漆和戧金兩種髹飾工藝技法製作而成，極為罕有。（圖版提供／佳士得）

勝！但問題來了，因為已經沒有人知道滿清皇帝的龍椅到哪去了，甚至太和殿的原始陳設到底是什麼模樣也是霧煞煞。1959年文物專家朱家溍居然發現了一張1900年所拍攝的太和殿照片，最神奇的是他們在破家具的庫房裡找到了破損的「髹金漆雲龍紋寶座」，再依據檔案發現這是明朝嘉靖年間所生產的皇帝座椅，接著又依據清朝的宮廷畫像發現康熙皇帝穿著朝服時所坐的龍椅正是這一把已經報廢的寶座。換言之，從明朝嘉靖皇帝到中國的末代皇帝將近四百年期間，他們坐的都是同一把龍椅，後來北京故宮總共動員了十三名專家耗費了一年多時間終於將「髹金漆雲龍紋寶座」修復。

椅子修好了保養倒是大問題！太和殿裡面的家具嚴格禁止用水擦拭，曾看到一篇文章說以前太監不用雞毛撢子，而是用更柔軟的狐狸毛撢子，而現在呢，狐狸抓不到則改用貓毛撢子。果真如此的話，台北故宮就慶幸沒把這龍椅搬來，否則我們的故宮院長每天都要面對保護動物人士的抗議！

1908年，三歲的溥儀被他的爸爸載灃親王抱著坐上皇帝的寶座進行登基大典，儀式中樂聲響起，小皇帝被嚇哭了！載灃親王哄著溥儀：「別哭了！快完了，快完了！」果然三年後，辛亥革命成功！這讓我想到台語的一句俗諺「沒有那個屁股，就不要坐那個位置」。

2007年6月澳門賭王何鴻燊以一千三百七十六萬港元在香港佳士得買到一把康熙時期的「黃地填漆雲龍紋寶座」，這是當時龍椅的最高紀錄，但就在2009年劉益謙買下「水波雲龍」寶座後的一個月，台灣的TVBS報導，何鴻燊的龍椅在北京拍賣，轉手淨賺一億台幣，可是從圖片上怎麼看都是不同的椅子，算是龍椅拍賣新聞的「馮京馬良」版了。

皇家之璽值多少

　　乾隆皇帝又在2010年蘇富比春拍中發威了，乾隆唯一一枚圓形印面的玉璽「太上皇帝」白玉圓璽，以含佣金的九千五百八十六萬港幣（約4億元台幣）成交，刷新當時玉璽拍賣的世界紀錄。這件拍品很多人都不陌生，因為它在2007年的蘇富比秋季拍賣上，同樣打破白玉拍賣世界紀錄，但上次的成交價只有四千六百萬港幣。這次拍賣價格翻升一倍。我個人最喜歡的一顆玉璽不是皇帝的，而是皇后的！

　　1968年，中國大陸咸陽韓家灣的一位小學生孔忠良，他放學回家時，瞥見水溝旁土堆裡有一道閃光，讓他起了好奇心，他用手挖出了一顆白色石頭，這石頭底下還刻了些字，回家後他哥哥設法要把上面的字磨掉再刻上自己的名字，但這「玩具」實在太硬了，兄弟兩搞不定後就把它丟置一旁，過了半個月，孔忠良的父親看到這個白石頭後，專程去了一趟省博物館請專家們鑑定，沒想到這群專家傻眼了，這顆石頭是羊脂白玉，印面上刻了四個字「皇后之璽」，文物專家很快就認定這顆印章應該是漢朝開國皇后，也就是劉邦的太太呂后的玉璽。

　　呂后的印章比任何市面上的玉璽儘管小多了，但我個人確認為它更具皇家氣息。它高2.8公分，重33公克，玉印

西漢皇后之璽。（圖版提供／Tomoyuki Uchida）

頂端為螭虎紐造形，頭尾微向左邊蜷曲，怒目張口，造形生動無比。玉印四周有線雕雲紋。這方玉印是我國最早發現的皇后印璽；呂后也是中國統一後年代最早的皇后，因此它的歷史、藝術價值無庸置疑。

呂后雖然出身貧寒，但頗具雄才大略，韓信是劉邦開國大將，但韓信羽翼豐滿對劉邦造成威脅，呂后與丞相蕭何密謀斬韓信，接著又鏟除好幾位功高震主的大臣，幫劉邦穩定了政局。呂雉生了劉盈，被立為太子，劉邦死後，年幼的劉盈即位皇帝，呂后掌權，卻也開始專橫甚至殘暴，戚夫人是劉邦的愛妃，但呂后將她的手腳砍斷，眼睛挖掉，逼迫戚夫人吃藥成了啞巴，扔在廁中慘死，戚夫人所生的兒子被呂后派人殺害，弄得呂后自己的兒皇帝劉盈嚇得生病，從此不問朝政，劉盈病故後，呂后獨攬朝廷大權，將呂姓親屬四人封王，六人封侯，因此大漢王朝一度是呂氏天下。

「皇后之璽」原本一直存放在陝西省博物館，但1974年權傾一時的江青派人前往施壓，硬是將這方玉璽帶回北京遲遲不願交回，直到四人幫垮台了，這顆印璽才被送回陝西……。

乾隆白玉圓璽讓買家兩年內賺了新台幣一億多，至於發現「皇后之璽」的小學生孔忠良之父——孔祥發，當年主動獻出這天下第一印，陝西博物館也給了獎勵——獎金十塊錢！

清乾隆皇帝白玉圓璽。
（圖版提供／蘇富比）

卷一・器物卷

3 挖寶

我2010年去了趟杭州，浙江是青瓷的發源地，因此漫步西湖畔之餘，我當然不會錯過參觀浙江博物館，不巧主展館在整修，部分展出的館藏瓷器有些讓我失望，心頭湧起去四川看宋瓷的念頭，為什麼？因為全中國唯一以宋瓷為主題的博物館就在四川，這一切都是那一鋤頭的關係！

1991年四川省遂寧縣金魚村有位農夫在耕種時，鏮啷一聲，農夫的鋤頭砸到了異物，一路挖下去，別說他目瞪口呆，連之後趕到現場的專家也為之傻眼，一大批瓷器出土了，全是宋瓷！四川省從來都不是中國的陶瓷主要生產地區，不過這一鋤頭卻為全中國唯一的宋瓷博物館奠基。

這批宋朝瓷器其中有一件最受矚目，它是件施以梅子青釉的荷葉形蓋罐，釉色動人，蓋身荷葉曲線絕美，蓋鈕如瓜蒂，叫人不動心也難，現存各國博物館的荷葉蓋罐大多是元朝作品，遂寧的龍泉荷葉蓋罐不僅是中國唯一，也是全球的唯一的宋朝荷葉蓋罐。

古人將小荷葉蓋罐用來裝茶葉等物，大荷葉蓋罐用來裝酒。不過金魚村的荷葉蓋罐打開一看，裡面居然還有層層疊疊的瓷盤，一共有九十九件，製作之精細讓人嘆為觀止。出土器物多達一千零五件，其中瓷器九百八十五件，

影青瓷六百件，浙江龍泉窯青瓷三百四十二件，還有廣元窯、定窯、耀州窯瓷器共四十三件，這是目前為止中國出土宋瓷數量最多的一次。

　　浙江博物館旁有座現代化外觀的西湖美術館，當天我參觀時差點噴飯，因為在近中午時分，管理入口的管理大嫂，拿起兩個盛著飯菜的漱口杯，就在門口吃將起來！21世紀的今天猶且如此，可想見二十年前四川出土的宋瓷，會有多少人真在乎？

　　金魚村這批文物曾存放在遂寧的舊博物館──天上宮，而這所謂的博物館是清代咸豐年間興建的四合院，瓷器被鎖在一間屋子裡，曾有人形容「整個展館像一個嘈雜的茶館！」十二年後，情況才開始改變，2002年11月9日，在博物館舊址的土地進行拍賣（類似台灣的國有土地標售），

四川宋瓷博物館鎮館之寶「南宋龍泉窯青釉荷葉形蓋大罐」，是龍泉窯梅子青釉瓷器的代表作品。釉色柔和淡雅，潔淨瑩澤，碧綠如翡翠，溫潤如春水，達到中國陶瓷學千百年來追求的「千峰翠色」、「如冰似玉」的理想境界。
（圖版提供／四川宋瓷博物館）

創下遂寧的土地天價，總成交額一千零九十萬人民幣，成為宋瓷博物館的建設基金。

這一批瓷器曾經渡洋展出，日本人對宋朝文物本就心儀不已，遂寧當局挑選了一百三十六件宋瓷在日本東京、京都、大阪進行「南宋窖藏文物」巡迴展，不但吸引九萬觀眾，門票與權利金收入就將近兩百萬人民幣，中國人不太喜歡的日本人，成了這座宋瓷專業博物館的關鍵金主。

這批寶物的主人是誰？而且瓷器是被直接挖坑掩埋，而非放在石砌的窖穴，專家們推斷，應是突發事件引發埋寶行動。蒙古人曾在西元1236年占領了遂寧，極有可能是那時候的權貴富豪為逃難避禍，於是急忙將瓷器掩埋在地下。宋徽宗趙佶曾經在遂寧當過「遂寧郡王」，因此江南的瓷器也因而可能大規模引進遂寧。

而遂寧除出土過宋瓷，也曾因蓋學校而發現十二萬五千多枚方孔銅幣，這也是最大規模的古錢幣窖藏，尤其是橫跨宋、元、明、清四個朝代的錢幣。最有趣也最為珍貴的是外國錢幣──日本水尾天皇寬永二年（1625）鑄造的寬永通寶！這四百年前的日本貨幣見證遂寧在古代的交通與貿易的活躍。

農夫在田裡挖到價值連城的宋瓷，知道我在西湖發現啥？走在遊人如織的西湖拱橋上，我一眼瞧見，遊客腳底下的一塊石板竟是墓碑！「顯妣田氏孺夫人」的字跡依稀可見，舉目所及，行人步道鋪的盡是類似的石板。什麼？你也去過西湖！那還不快跟著我唸：南無阿彌陀佛……！

在遊人如織的西湖拱橋上，腳底下的石板竟是基碑。

4 流浪的菩薩回家了

　　2010年7月底我在故宮參觀「最接近天空的寶藏」，突然有聯合報系的朋友過來問我參觀心得，想引用我的談話，我知道他們是為這項特展進行宣傳，這讓我想到《紐約時報》的一篇報導，改變了一尊菩薩顛沛流離的命運。

　　2000年6月《紐約時報》刊出的一篇文章，描寫一尊佛像有罕見的蓮花背光，華麗的纓絡和流暢飄逸的衣紋，但是指責收藏這尊佛像的日本美秀博物館（Miho Museum）有失尊嚴！因為那是中國大陸失竊的國寶。事實上美秀博物館在1997年開幕之後，中國大陸曾有些文物專家前去參觀，但從無一人發現他們失竊的國寶就在眼前，我甚至認為這些專家早就忘了有這一件寶物的存在。

　　1976年，山東省博興縣張官村農民在土堆裡挖出一尊菩薩像，在那個填飽肚子最重要的年代，這尊佛像的價值是，被農民拿去當飯桌（另一說法是拿去壓泡菜缸），當地官員趕到時，農民正準備把背光敲下來。這尊北魏時期的菩薩，圓形背光直徑54公分，寶冠的正前方雕飾著一隻形態極為寫實的「蟬」。這種蟬冠原是南北朝時貴族的冠飾，不過在佛像裝飾上，這尊菩薩造形是獨一無二的，當時

從日本美秀博物館歸還山東省博物館的「北魏蟬冠菩薩」正、反面（圖版提供／山東省博物館）

除了《文物月刊》有過一篇報導外，接著十多年的歲月，一直被擱置在當地文管處的倉庫，無人聞問。1994年一個月黑風高的深夜，菩薩被偷了，不過，還是無人聞問。

蟬冠菩薩在美秀博物館亮相後兩年，大陸考古學家楊泓先生，接到一封信，信中附上日本美秀博物館展覽蓮花背光的石雕菩薩照片，還有一張是中國大陸《文物月刊》1983年第七期的複印封面，一張是複印了這期刊登的考古簡報「山東省博興出土一批北朝造像」，內容是當地新出土的六張北朝晚期石雕佛、菩薩照片，還有一張則是紙上用繁體字由右至左書寫的兩個大字：「國寶」。楊泓教授接獲爆料後，曾經向相關單位報告，但一直沒有下文，直到《紐約時報》駐北京特派員聽聞此事，並且專訪了楊泓，甚至追蹤日本美秀博物館及出售這件菩薩的知名骨董商艾茲肯納基（Eskenazi），至此菩薩流浪成了國際新聞。

美秀博物館當年花了兩百萬美金從倫敦買進這尊佛像，去過日本參觀過美秀博物館的人應該不難察覺，美秀博物館是一座了不起的博物館，收藏品不但涵蓋世界各古代文明，同時收藏品的品味與品質俱佳，就連博物館建物都是由貝聿銘所設計！儘管美秀博物館在收購石像的過程中合乎日本的法律，但當《紐約時報》的嚴詞批評後，美秀博物館主動派專人到山東博興，直接接觸當時的發掘者及相關人士，甚且邀請中國大陸人士到日本，最後雙方達成協議，這尊菩薩石像美秀博物館以借展名義將菩薩石雕延續展覽到2007年，然後就無條件歸還中國大陸。

2008年蟬冠菩薩終於回到山東老家了，這回住進了山東省博物館，就是不知道菩薩是否明白，是誰寫信爆料它流落東洋？對世人而言，舉發者身分至今成謎。

5 金的不一樣

　　之前，我在電視上介紹過一枚金印——「和碩智親王寶」，接著我到香港去看蘇富比2010年的秋拍預展，當中也有一方印「和碩怡親王章」。有人問我哪個好？有何差別？我說都好，最重要的差別不僅在於材質，還在於規矩，不過對買家而言，最重要的是後者有機會買得到，因為前者只能買門票到博物館一睹風采了。

　　有一年嘉慶皇帝在避暑山莊渡假，沒想到紫禁城內居然遭到叛軍攻擊意圖政變，當時留守宮中的皇子綿寧沉著應變，在他領導下很快地殲滅叛軍，嘉慶帝也因此下令製鑄金印，並冊封綿寧為和碩智親王（所謂和碩親王是滿州語，漢語的簡稱就是親王，也就是一種皇室階級，只有皇帝的兒子和皇帝自己的兄弟才能擁有這個爵位），這位受到褒獎的皇子就是後來的道光皇帝。這枚金印重達十公斤，印面以滿文及漢文刻著「和碩智親王寶」，印鈕是龜身龍首的造形，那是傳說中龍的長子叫贔屭（讀音必係，這種動物是真的存在於中國廣西！），這應該是現存最大一枚中國皇室的金印了，目前它是南京博物院的典藏品。

蘇富比2010年10月初拍賣的「和碩怡親王章」是真品該無疑問，不過，和前述的智親王金印，在文物歷史價值上應有差別，「和碩智親王寶」是皇帝下令由造辦處依據大清帝國的規定，從材質、黃金成色、尺寸完全依照宮廷規矩完成的標準器；而「和碩怡親王章」應該是怡親王自己找人刻的，當然工藝也講究，不過，只能說是皇室擁有，不代表皇家製造，兩者有所區別。

　　「和碩智親王寶」金印曾經消失了許久，據說是南京博物院清點時，從一個舊馬鞍的袋子裡意外發現的。曾想把滿清政權推翻的太平天國洪秀全也曾鑄造了一枚「太平天國萬歲」金璽，當洪秀全兵敗後，重臣曾國藩取得這枚據說用了一百多兩黃金鑄造的金印，結果曾國藩上繳後金印卻不見了，最後發現被一位軍機處的章京（相當於今之祕書）偷走並鎔鑄成金條了！

　　1982年，四川一位名叫劉定泉的人，走在嘉陵江邊居然讓他撿到了一枚金印，這是枚偏將軍印（偏將軍好比今之上校或少將，不是大將軍），有專家說這枚金印可能是三國時代趙雲（趙子龍）的部屬所有，偏將軍印的鈕也是龜，尺寸僅有2公分高，邊長2.4公分，遠比前述所提到的金印都小得多。這顆金印現在是三峽博物館鎮館之寶之一，

清19世紀　壽山石群螭鈕方印璽　9.8cm
印文：和碩怡親王章
印側：「周庸恭鐫」款
（圖版提供／蘇富比）

「和碩智親王寶」金印，此印台近正方形，形象以龍首、龜身（尾爪均為龍）的贔屭為鈕。（贔屭是龍生九子之一，好負重，故遣之負碑。）印面為陰刻篆書陽文，一半為漢文，一半為滿文，共十二字，字體首尾開叉，別具一格。（圖版提供／南京博物院）

如果你去現場看，會發現有牙齒印，因為當年劉定泉的太太不相信她老公會撿到金印，所以咬了一口，想來劉太太有些不認命，因為當時撿到金印的劉定泉就是以挑糞（黃金）為生的。

　　挑糞的會撿到黃金，挖土蓋房子的也有機會，1983年廣州象岡山的一處工地，挖到了一個窟窿，結果震驚國際，因為這是目前為止中國嶺南出土文物最豐富的一次發現。最轟動的是一顆金印，上有「文帝行璽」的印面，證實墓主人是西漢初年南越國王趙昧，這也是目前唯一發現秦漢時期屬於王的金印。

　　一直沒提本文開頭所講蘇富比拍賣的怡親王章，所用的材料是壽山石，你以為石頭不值錢是吧？站穩腳步深呼吸，聽好，「和碩怡親王章」的成交價是五百七十八萬港幣。以馬英九的薪水來算，他得不吃不喝連續當九年半的總統才買得起！

6 最牛的丈人和最牛的印章

　　我有三個女兒，如果孫文沒有革命成功，或許我就有機會跟獨孤信一拚。誰是獨孤信？他是西魏的重臣，更是中國歷史上最屌的丈人，因為他有三個女兒是皇后：北周明帝要喊他岳父，隋煬帝楊堅要喊他外公，他也是唐太宗的外曾祖父！這作古許久的老丈人，卻因為一顆印章而讓後人津津樂道他的身世。

　　1981年有一位中學生宋清在放學的路上，撿起一塊形狀異常的黑石頭，而且刻有奇怪的文字。宋清把石頭交給了文物工作隊的人，石頭經檢測發現是一塊煤精，但煤精上有十八個面，其中十四個面刻著不同字樣，有「大司馬印」、「刺史之印」、「臣信上疏」、「臣信上章」、「臣信上表」等印文，儘管它是紀錄中最多印面的印章，但沒人瞧得出它的來歷。無人聞問十年後，研究印璽的王翰章駐足在這顆印前時，他突然開竅了，經過研究大部分的學者也同意，這煤精印是獨孤信所有。

　　這顆印高4.5公分、寬4.35公分，呈八稜十八面體，十八個正方形印面中，有十四個面鐫刻反字楷書印文，書體為魏體楷書。印文分為行文、上節、書信三種用途，這是中國現有出土的文物中最古的楷書印章。

獨孤信多面體煤精組印　煤精刻製　高4.5cm，寬4.35cm，重75.7克　約西魏大統六至十四年（540-548年），1981年於陝西旬陽縣城東南出土，現存於陝西歷史博物館。（圖版提供／陝西歷史博物館）

獨孤信的印章特別，人更特帥。歷史記載獨孤信本名為獨孤如願，他是當時的型男，不僅外型好，也講究打扮，因此人稱獨孤郎，也就是帥哥的意思，現在影視圈的天王恐怕莫不望其項背，《周書·獨孤信傳》有這樣的紀錄：「（獨孤）信在秦州，嘗因獵日暮，馳馬入城，其帽微側，詰旦而吏人有戴帽者，咸慕信而側帽焉。其為鄰境及士庶所重如此。」你瞧只不過因獨孤信騎馬打獵，風吹歪了帽子，第二天歪戴帽子就成了流行風潮，甚至到了宋朝都還出現「側帽風前花滿路」的詞句，獨孤信真是魅力無法擋。

出身鮮卑族的獨孤信騎射技巧一流，有多次生擒對手首領的紀錄，他有三個老婆、八個兒子、七個女兒，七個兒子當官不夠看，他自己成為三朝的國丈。長女獨孤氏為周明敬皇后；四女為唐元貞太后；七女獨孤伽羅為隋文帝文獻皇后。中國歷史上，目前僅有宋耀如可與獨孤信比擬，因為宋耀如的三個女兒也不同凡響，大女兒宋靄齡嫁孔祥熙（當過行政院長），二女兒宋慶齡嫁給孫中山，么女宋美齡的老公是蔣介石。

獨孤信的煤精印和他這個人一樣特別，乍看這顆印還有些像骰子，而馬王堆出土的文物中，就有相類似造型的骰子，同時，這煤精印到底是陪葬品還是實用品，一直有所論戰，因為印章是在陝西旬陽縣東門外找到，但獨孤信和他的長子獨孤羅的墓誌卻在幾十年前就已經在咸陽被發現。台灣藝術大學的一位陳信良先生曾經發表研究，認為獨孤信的煤精印是生前的實用品，不過我較持保留觀點，因為獨孤信雖歷任要職，但是會把不同時期的官銜刻在同一顆印上，除非他有先見之明，知道自己會換多少官做。同時，中外官場制度對印信均非常重視，官印一定是有其規矩也必來自皇帝授權頒發，獨孤信會用私印刻上官銜用

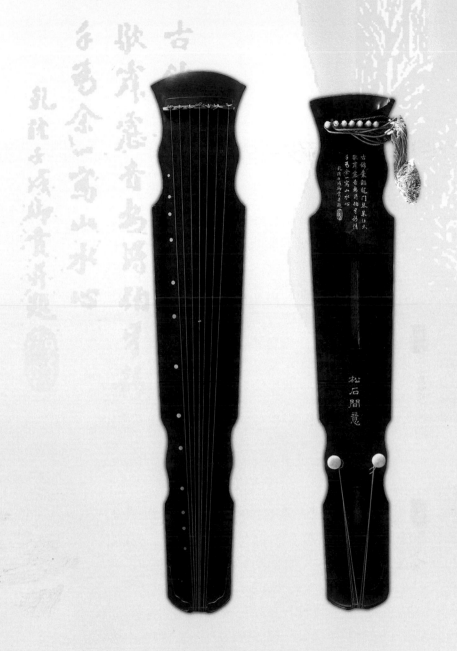

北宋徽宗「松石間意」琴，2010年在北京保利以1億3664萬人民幣成交。

我猜那把琴比較接近戴逵所用的琴。

2003年7月大陸嘉德拍賣以人民幣三百四十六萬五千賣出了當時天價紀錄的古琴，那是一把首次出現在拍賣市場的唐朝古琴——九霄環佩，據稱全世界有二十把唐朝古琴，唐朝有專門製作古琴的作坊，以雷氏家族的作品最出名，

其中又以雷威的製琴最頂尖，而其代表作是「春雷琴」

　　台北故宮有一把春雷琴，查閱台北故宮提供的資料真是寥寥可數，這原本不是故宮舊藏，而是畫家張大千所遺贈的，張大千是在1949年前買進，他認為這是唐朝的春雷琴，不過，有人持懷疑論點。

　　春雷琴讓許多古今名人都瘋狂和迷惑。宋徽宗是其中之一，他設置了「萬琴堂」專門收藏名琴，其中春雷琴就是最出名的一把，宋徽宗弄丟了江山，也失去了名琴，金章宗完顏璟雖是出身北方的少數民族，但漢化很深，他把戰利品春雷琴視為第二性命，臨死前要求把春雷琴一起陪葬，結果埋進土裡十八年後，春雷琴竟然重出江湖又成為元朝的宮廷收藏，幾經輾轉到了明朝之後就銷聲匿跡，沒想到五百年後，張大千說他買到了春雷琴。中國大陸的旅順博物館則在1960年代就已宣稱春雷琴是他們的館藏，只是專家瞧過後，只確定那是唐朝所製之琴，但是未必是宋徽宗所珍藏的原件。北京也有春雷琴行蹤，古琴行家鄭珉中說他的春雷才是真的，他的來源是已故琴家汪孟舒，而鄭珉中稱汪孟舒是從他師父那兒獲得這傳家之寶，再往上推只能據說這把琴是從滿清裕親王府流出的。

　　2003年嘉德賣出唐朝的九霄環佩琴後，緊接著在同一年，著名玩家王世襄收藏的唐朝古琴——大聖遺音以八百九十一萬人民幣拍出，據我所知，買家是一位台灣電子業的老闆娘。王世襄當年把三件首飾和一部珍貴書籍去當了五兩黃金，又加上他母親留下的翡翠戒子三枚，才買到大聖遺音，可見王世襄對這把琴的重視。

　　同樣是大聖遺音，卻有著不同的命運。北京故宮也有一把唐琴大聖遺音，原本就是清宮舊藏，沒想到放在庫房多年後，卻因為屋頂漏水，導致整把琴看來殘破不已，滿清被推翻後，故宮被接收清點，接收人員在帳簿記錄

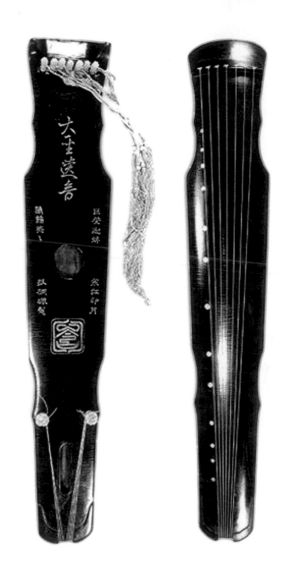

唐朝古琴大聖遺音

著「破琴一把」！好在後來被王世襄慧眼識名琴，經過專家搶修後，又恢復它「神品」的風韻。在古琴發燒之際，北京故宮珍藏的大聖遺音也不斷被提及稱讚，真是此一時也，彼一時也。

《青蜂俠》戲殺青了，周杰倫開口要買戲中所開的車，片商阿莎力免費送給周董，好車和好琴一樣，愈老愈值錢，至於金髮美女嘛，不知道周董和我想得一樣不一樣？

8 要快活就找茶

　　有回朋友去Wedgewood喝下午茶後，不停地告訴我那種貴婦的Fu有多好，我聽煩了，就講了一段唐朝喝茶的排場給她聽，我說唐朝喝茶的茶具，非金即銀，朋友聽得目瞪口呆，認為是我掰的。尤其她聽我說唐人喝茶要加鹽，看她眼神就知她把我的話當政論節目的言論了。去年底，朋友改口了──「真的耶！」她說。

　　這都要感謝前法務部長廖正豪，在廖前部長多年穿梭下，他主持的向陽基金會在歷史博物館舉行了盛世皇朝祕寶展，展品來自法門寺和幾個大陸博物館，我認為這是過去十年來，大陸文物到台灣展出中最精采的一次，其中展出茶具之耀眼，參觀者莫不大開眼界！

　　先說一件盛世皇朝祕寶展中的「鎏金鏤空飛鴻球路紋銀籠子」吧，籠身鏤空，蓋和籠體分別有十五隻、二十四隻鴻雁，除蓋頂內圈幾隻外，其餘均兩兩相對，生動無比，讓人嘆為觀止的還有籠體與平底成90度折角，卻沒有鉚焊痕跡，籠體十二對向外凸起的鴻雁，也是一次模沖成型，現代工藝都很難為之。這件籠子是拿來裝茶餅的，夠奢華吧。這也只是法門寺窖藏茶具中的一項。

　　法門寺的窖藏茶具，是中國考古史上最完整的古代宮廷茶具，同時也讓我們知道古代皇帝也有乳名。「鎏金鴻

鎏金鏤空飛鴻球路紋銀籠子（本篇圖版提供／向陽公益基金會）

鎏金鴻雁流雲紋銀茶碾子

雁流雲紋銀茶碾子」看起來像中藥鋪碾藥的工具，是用於碾碎茶餅，這個超豪華的碾子由碾槽、轄板和槽座組成。槽身兩端有如意雲頭裝飾，兩側邊各有一隻飛雁及流雲紋。槽座壁上不但有鏤空壺門，而且門之間還有講究的天馬流雲紋。茶碾子上有純銀製作的碾軸，包括碾軸在內總共有三個地方鏨有「五哥」兩字。這五哥指的是唐僖宗，據說是他幼時的暱稱，目前為止我還找不著當年為何用皇帝暱稱留名的依據，這大概也是中國宮廷御製品的特例。碾軸邊沿鏨：「碾軸重一十三兩。拾柒字號」這碾槽底座裡面鏨有兩行文字：「咸通十年文思院造銀金花茶碾子一枚，並蓋，共重二十九兩。匠臣邵元審，作官臣李師存。判官高品臣吳弘慤，使臣能順。」文思院是唐朝製作金銀器的機構，在法門寺出的一百二十件金銀器中，共有八件留有文思院的字樣。

我在歷史博物館參觀時，曾看到日本觀光客好奇又興奮地討論，法門寺的茶具證明了日本茶道來自於中國。說唐人喝茶不如說「喫茶」，過程是把茶餅從茶籠中取出，先經烘烤再用茶碾子研碎，然後用茶羅子篩濾過，將茶末收入抽屜中，水燒開後，先取出茶末置於茶盆，加水調成糊狀，再加進鹽、薑、蔥、椒等調料，再沖水然後用茶碗分盛，茶碗下墊茶托，端給客人說「請吃茶」。而唐朝皇室喫茶時的調味盤也極盡豪華之能事。

盛世皇朝祕寶展品中的「三足銀鹽台」讓我駐足甚久，整體蓮蓬蓮葉造形展現精湛工藝。文獻記載這鹽台除可盛鹽，也可裝胡椒，這讓我想到唐朝盧全〈走筆謝孟諫議寄新茶〉詩中所論述的七碗茶：「一碗喉吻潤。二碗破孤悶。三碗搜枯腸，惟有文章五千卷，四碗發輕汗，平生不平事，盡向毛孔散。五碗肌骨輕。六碗通仙靈。七碗吃不得也，唯覺兩腋習習清風生。蓬萊山，在何處，玉川子乘此清風欲歸去。」我是無法想像成仙的樂趣，喝了七碗摻了鹽、薑、蔥、椒的茶糊，我一定是撐著肚子昏昏欲眠，哪還能提筆寫詩。

魔羯魚蕾鈕三足銀鹽台

我所見過最可愛的茶具莫過於法門寺的「鎏金銀龜茶盒」，這長28公分的龜形盒子，是用來裝茶末的。而這個長壽動物的造形，似乎也透露出古代皇帝總喜歡追求長生不老。唐宣宗時曾問一和尚為何能活到一百二十多歲，這僧侶回答說「就是喜歡喝茶而已」，怪的是，唐朝皇帝大多短命，壽命最長的（不包括武則天）是唐玄宗，享年七十八歲。壽命最短的是唐武宗，三十三歲，唐朝皇帝平均壽命只有四十三點五歲。

　　廚房水開了，我要去泡茶，我喝的是台灣魚池紅茶，相信我，若沒喝過此茶，活得再久也是可惜。

鎏金銀龜茶盒

9
千金難買的石頭

　　1924年11月，中國末代皇帝溥儀被趕出宮，當時段祺瑞只給滿清皇室三小時時間收拾，據說溥儀匆忙中在故宮留下了啃了一半的蘋果，但他到底偷帶走了多少寶貝，一直是個謎。1945年日本戰敗，溥儀在瀋陽被俄軍俘虜後，立刻被押送到俄國，俄軍在檢查他的行李時，眼珠差點掉出來，清單中有兩個純金大盤；用一百七十四顆鑽石和兩顆紅寶石裝飾製成的懷錶、紅珊瑚手鐲、純金項鍊、純金髮針、珍珠飾品、青金石雕像等大小幾百件，五年後溥儀和部分珍寶都被送回中國，當然寶貝被以捐贈之名收回國有，其中一項物品，據說是溥儀從出宮就隨身攜帶，那就是現在北京故宮收藏的田黃三聯璽，若以今日市價估價，前述的那些黃金珍珠總和都買不起這顆石頭刻成的印璽。

　　企業家曹興誠曾在2006年在香港蘇富比拍賣會買了塊「田黃石雕瑞獅紙鎮」，就花了三千九百三十二萬港元，相當於新台幣一億六千多萬！

　　溥儀偷藏的三聯璽是乾隆當太上皇時，著人以一大塊田黃石刻成三方一體連串的印章，印面分別為「乾隆宸翰」、「樂天」、「惟精惟一」，無論印材雕工與印面，均是皇家造辦處的經典之作。

　　田黃自古就價格賽黃金，近年更是飆漲驚人，最主

要是田黃石不同於一般礦石，它沒有礦脈，它是一顆顆獨立的石頭，全世界只出現在福建省福州市北峰壽山鄉壽山村壽山溪上游兩邊的稻田下和溪底的砂土中，雖然田黃採掘已經很久，但直到清朝才真正走紅，為了挖採田黃石，當地的土不知已被石農翻了幾回？不論是傳世品或新採到的田黃，品質優劣差距甚大，優質的田黃少之又少，固有「黃金易得，田黃難求」的說法。

二十年前，台北鴻禧美術館有一次印石收藏展，其中的田黃讓我大開眼界，質量之整齊令人印象深刻，2011年3月起，我多次到國立歷史博物館「進修」，因為居然有人一口氣拿出一百三十多方田黃石公開展覽！擁有者是日盛金控的榮譽董事長陳國和。

有一次去參觀，現場有民眾認出我來，我禮貌致意後逕自朝展場牆邊的櫥窗走去，有人不解地問我為何先看角落的展品？我說：「這一方方俗稱『成材』的印石是最難得的，不但原石難取，而且裁製過程中也最耗材。所以我個人滿重視這一區塊」。

一屋子的石頭花了陳國和三十年時間收集，其中之是只有我拇指大小的雙魚鈕長方章，顏色通透，肌理細膩，兩條肥滋滋的魚躍然於波濤上，生動無比，邊款刻著「玉璇」，是一個令人信服的名家款。康熙年代的《漳浦縣志》在〈楊玉璇傳〉中記載：「楊玉璇，善雕壽山石，凡人物、鳥獸、器皿，俱極精巧，當事者爭延致之。」由此不難理解，為何市面出現有玉璇款的壽山雕刻品，價格都一飛沖天的原因。

許多年前，我曾看過陳國和先生古玉收藏的出版品，如今再看他的田黃收藏，我不難體會這其中的轉折，這次的田黃展可以看出一位藏家財力、眼力，還有毅力交融的成長歷程。

拇指大小的雙魚鈕長方章，
顏色通透，肌理細膩。
（本篇圖版提供／日盛藝術
基金會）

　　龍生九子鈕方章是另一個讓我注意的陳先生藏品，用
螭龍為鈕的印石不少，但以龍生九子為造形者少見，同時
材料頗為可觀，重達192公克，最有趣的是印面的印文「森
斐西瓦樂大維德印」十足的西方名字！而且惟獨「森」字
是陰刻，其它文字都是陽刻，展覽目錄中，以不太確定的
語句推敲著很可能是英國收藏家伯西佛・大維德（Percival
David, 1892-1964）的印，我不清楚這枚方章的來源出處，
不過，陳先生的推論可能性存在，因為過去西方人士稱
呼這位中國藝術愛好者是尊稱他大維德爵士（Sir Percival
David），治印者是中國人，有可能以音譯方式將Sir刻為
中文的「森」字，但因為知道是尊貴身分的稱謂，所以治
印時又以陰文來突顯。大維德爵士是我最佩服的西方收藏

龍生九子鈕方章，重達192公克，最有趣的是印面的印文為「森斐西瓦樂大維德印」，是個十足西洋人的名字。

家，除了他曾經到過中國之外，還去瓷器的古窯址考察，他的中國瓷器收藏之精，除故宮外真是無與倫比。1992年，我在倫敦第一次參觀大維德基金會的瓷器時的震撼，至今猶難忘懷。如果日盛藝術基金會能進一步研究這顆方章，並能確認是大維德爵士的用印，定是國際性雅事。

　　我向來主張博物館的展覽是為非專家的大眾辦的，所以吸引普羅大眾入館欣賞是台灣各博物館的重要行銷課題，陳國和先生的「田黃賦展」我去看了三次，其中一次同行的朋友提到展覽開幕時，鏡頭焦點都在陳先生的千金──藝人關穎，以及其他演藝界人士身上，似乎喧賓奪主。我告訴他這一百多方田黃印石展品中，其中有顆印文酷斃了，上面刻著四個字「有何不可」。

10
地下盜

　　春秋時期，晉獻公派專人送美玉和寶馬給虞國國君，請求借道攻打虢國。虞君見到禮物，滿心歡喜；不過大夫宮之奇阻止說：「不行！虞國和虢國就像牙齒和嘴唇的關係，沒有了嘴唇，牙齒就會感到寒冷。我們兩個小國相互依存，有事可以彼此幫助，萬一虢國被消滅了，我們虞國也就難保了。」虞君不聽，結果，晉國軍隊消滅了虢國，回程時順道也滅了虞國。這是成語「唇亡齒寒」的由來。兩千八百多年後，灰飛煙滅的虢國竟然還在被攻擊，而且還是從地下遭到突襲！

　　有關虢國的記載見於不同史料，直到1956年代，在河南省三門峽市考古發掘時，無意間找到了虢國貴族的墓葬群，才使今人得以目睹當時的輝煌。直到現在，這裡的考古發掘還沒停止，虢國墓群是中國大陸目前為止，發現唯一保存完好的西周、春秋時期大型邦國公墓，大約有八百多個墓葬，出土文物就將近三萬件。整個墓葬範圍極大，中國官方就地保存並設為博物館。以往這個博物館區被偷盜情形就時有所聞，其中一樁最富戲劇性。

　　21世紀的第一年，鄰近虢國博物館的一間倉庫被租了下來，租屋者說是用來囤放化學肥料的，2000年9月8日據說是動土的黃道吉日，黃小軍、李梅生和毋金剛等三人，開

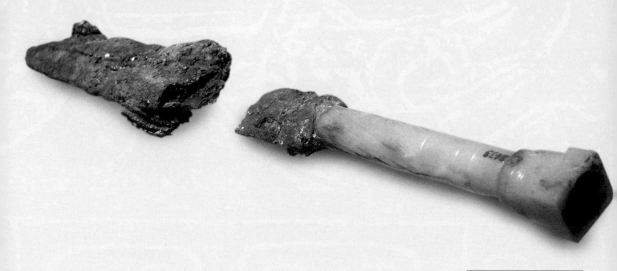

始由倉庫內掘地挖洞,開闢地下道,目標是虢國博物館。
而且他們事前還找了一名任職博物館區的熟識員工,以把
柄要脅,逼迫對方帶領他們勘查地形,並取得地質資料。

　　虢國墓葬有何寶貝惹人覬覦呢?在這裡被發現的玉器
不僅精美,而且動物造形尤其動人,簡直是個動物園,專
家說北溫帶地區裡的動物,虢國墓的陪葬玉器都有。此外
虢國太子、國君虢季、虢國夫人梁姬的陪葬車馬,用的還
是真車真馬!虢季陪葬車馬坑隨葬十三輛車、六十四匹馬
和六隻狗,是目前為止大陸考古發現級別最高、規模最大
的大型車馬坑遺址。梁姬墓陪葬車馬坑有十九輛車,每輛
車下也壓兩匹馬,是陪葬車輛數最多的超大型車馬坑,這
三個車馬坑也是目前中國所見時代最早、規模最大的地下
車馬軍陣,比聞名中外的秦始皇兵馬俑軍陣還要早七百多
年!

　　虢國墓還有一個驚人的第一,1990年河南省文物考古研
究所研究員王龍正在清理遺址時,找出了一把玉柄銅芯鐵
劍,劍不長,只有30多公分,但卻是中國歷史上最早的一
件人工鐵製品,將中國人工冶鐵的歷史向前提早了近兩百

年，這把劍也被稱為「中華第一劍」。

實物顯示，虢國墓不僅等級高，陪葬品豐富且精美，因此黃小軍等人準備大幹一票，他們雖然挖洞預備盜墓，但是這幫人挖的地下通道有300多公尺長，不僅由地下貫穿進入博物館區，還穿越了地面上的工廠、商家、民宅。這可不是小工程，光是裝土用的尼龍編織袋就有近萬個，但是他們連挖了四個月，居然眾人皆不知，不過早已作古的虢國貴族可受苦了。

2001年2月起，這幫賊人連續在地下挖到了博物館區內的三個古墓，帶走了銅器、玉器等寶物，並且成功變賣脫手，直到東窗事發，公安逮到人並起出的文物就有兩百四十六件，其中十五件青銅器帶有「虢姜作器」的銘文，列為國家一級文物。

昏暗的燈光、狹長的通道、挖土的鏟子、運土的小車、搬運的滑輪、密謀的會議、貪婪的臉孔……這些電影的情節，均由黃小軍這幫古墓地下盜活生生地演出，其中電影常見的黑幫內鬨也少不了，同時也是事機敗露的關鍵。

2002年4月，這夥人已經分贓後返回老家暫時歇息，但是其中一名叫毋金剛的人，不甘錢拿得太少，結果自己走進公安局以自首的方式報復，警方與博物館人員到了現場，看到地道規模才赫然發現，這回太歲爺被動土的不是頭上而是腳下！這一幫人就擒後，有兩人被槍決，其他的人還在牢裡。

時間回到1990年，大陸公安發現有人盜墓，趕到現場發現凌亂不堪，但研判盜墓賊還沒找到主墓，沒想到考古工作者協同勘驗現場時，在距盜洞只有30公分處，發現了巨型墓葬，就是現在已公開的虢國墓群中的虢季墓，也找到了震驚中外的「中華第一劍」。盜墓賊是毀壞歷史的罪人，這次卻也是促成發現歷史的人。

11 被遺忘的王國

大內高手是誰？姓宋？我想的和你不同，他姓司馬。

司馬喜曾擔任中山國的丞相，但和國君寵愛的妃子陰姬不對盤，司馬喜知道老闆的枕邊人不好惹，因此不但沒有硬槓，反而利用陰姬和和另一位國王的愛妃江姬爭奪后位的機會，主動找上陰姬的老爸，說立后之事包在他身上。後來，司馬喜拜見了鄰國的趙王，有意無意地告訴趙王，中山國的陰姬國色天香，婀娜多姿，說得趙王心癢不已，預備派使者去中山國要人。司馬喜回去後對中山王說，趙國勢力強大，不讓出陰姬會遭來戰禍；但讓出寵妃，中山王也無威信可言，所以上上之策，即是速立陰姬為王后，果然鄰國的趙王就死心未再提起此事。你說司馬喜是不是大內高手？以上絕非虛構，中山國是戰國初期的一個侯國，它的藝術品才會讓你覺得此物只應天上有。

如右圖「錯銀雙翼銅神獸」，在看到它時，或許考古人員心理也疑忖著「這會不會就是辟邪呀？」辟邪是中國傳說中的神獸，獅虎造形且長有翅膀，而圖中的

錯銀雙翼銅神獸

怪獸頭部額中有一角後彎，雙睛凸出，利齒交錯、舌頭上伸，似在咆哮，全身錯銀，威猛姿態，不言可喻。1978年，這頭怪獸在河北省平山縣出土時共有四件兩對，除頭向相反外，形體和各部分紋飾均相同，在此之前，不曾見過此類文物，至於它的功能是席鎮還是陳設品，猶無定論。

秦、楚、齊、燕、韓、趙、魏，這戰國七雄，連學子都朗朗上口，至於戰國時期的中山國的紀錄則少得可以，所以歷史課本也把它忽略了；一直到1974年，河北省平山縣的農民拿了一塊刻有文字的石頭給考古人員看，這塊一般河床都有的大石頭卻有著罕見的人為文字圖案，引起了專家重視，最後證實它應該是戰國時期的產物，開挖工作也因而逐步展開。和許多古墓一樣，千百年來的盜墓賊早就光顧過這座墓葬，考古專家並未有高度期望，但現場的一位民工不小心踏空、摔了一跤，也踏破了千古之謎。

原來這個墓室有異常結構，多蓋了個倉庫，所以躲過盜墓者的洗劫，出土文物中有個重28公斤的大酒壺，四面刻滿了四百五十個字的銘文。顯示被埋葬者是中山國歷史上一位君王，他的名字叫嚳（音「錯」）；和周遭侯國相比，中山國顯得迷你，而嚳位居王位時是中山國國力的巔峰時期，中山國雖小但勵精圖治，因此不僅能在列強環伺下生存，甚至還乘亂掠奪了多塊屬於燕國的領地。

中山王嚳在位時的繁華，可用一張茶几見證。「錯金銀四龍四鳳銅方案」便是中山王墓出土的一張「案」（古代人使用的小桌子），長47.5公分、寬47公分、高36.2公分。這青銅案的桌面應該是漆器，但已經腐朽不可考，可是現存殘餘的案身所展現的工藝水準，讓人嘆為觀止。其周身用金銀錯以豔麗的紋飾裝飾，案框一側沿口上刻有銘文十二字：「十四祀，右車，嗇夫郭，工疥。」鑄造工藝精湛，動物造形姿態優美、生動細膩，四隻龍頭上各有一

錯金銀四龍四鳳銅方案
（圖版提供／湖北省文物研
究所）

個斗拱，大部分的戰國動物造形青銅器以圓雕和浮雕為主，這件「錯金銀四龍四鳳銅方案」可說是形制上的一大創新。到目前為止，這張獨一無二的「錯金銀四龍四鳳銅方案」，仍被大陸官方列為禁止出國展覽的國寶。擁有權勢的自負和美女，兩者都是上位者的毒藥，在譽歸西後不久，這曾經鼎盛一時的王國，國勢就如江河日下被趙國給併吞了。

　　「『未嘗見人如中山陰姬者也。不知者，特以為神，力言不能及也。其容貌顏色，固已過絕人矣。若乃其眉目准頰權衡，犀角偃月，彼乃帝王之后，非諸侯之姬也。』趙王意移，大悅曰：『吾愿請之，何如？』」以上是戰國策中司馬喜對趙王描述陰姬的對話記載。用白話講即是：「我從沒見過像中山國的陰姬那樣漂亮的女子。不知道的，還以為是仙女下凡，她的豔麗用言語簡直不能描繪；她的容貌姿色實在超出一般的美女，至於說她的眉眼、鼻子、臉蛋、額角，那頭形，那天庭，那真是帝王之后，絕不是諸侯的嬪妃。」趙王的心被說動了，高興地說：「我希望能得到她，怎麼做才好？」還好考古人員發現的是中山國的藝術品，不是發現陰姬的不朽乾屍，畢竟有些美需要距離會更好。

12
皇帝的鳥

　　專程去了趟故宮參觀為建國百年所辦的特展，當我在展廳欣賞宋朝定窯嬰兒紋瓷枕時，突然聽到一位小學生大聲問：「為什麼你的硯台沒有鳥？」轉頭一看是一對父子，老爸低了頭看展示品，然後很酷地說：「這是以前皇帝用的硯台，所以鳥比較多。」我的想法和這小孩的問題一樣：「為什麼？」這父子太逗的對話引起我的好奇，湊過去瞧瞧啥是皇帝的鳥，展示牌上寫著清乾隆松花石蟠螭硯，我一看就覺得剛才那老爸錯過了一次機會教育。

　　硯台是橢圓形，硯面石色棕黃，硯身與底座相連為一，硯池中凸雕一棕黃色蟠螭紋，底座周壁雕臥蠶紋一周，足飾以如意雲頭紋一圈，硯背滿雕三龍戲珠，並以流

清乾隆松化石蟠螭硯

雲相襯，中上方鐫篆文：「乾隆清玩」四字圓印，下方鐫篆文：「奉三無私」四字方印。以上大約是故宮對這件硯台在文字上的描寫，不過，這方曾列入西清硯譜的名硯，還有一個松花石刻的蓋子，蓋面刻有「蘆汀蓉渚」四字，還刻著九隻鷺鷥，有的在飛翔，有的佇立，這些鳥就是那小孩問的重點。

九隻鳥在同一池塘，有九世（代）同堂的寓意。九代的家人能和睦共處是真實的佳話不是神話。甚至還有一位皇帝為之涕淚不已。

歷史記載唐高宗有一次和皇后武則天去泰山封禪，路經壽張縣時，經垂詢地方官後，聽說張公藝一家竟可以九世同居，因此特別前往造訪，一國之君去拜訪一介布衣，這無論是在現代還是古代都是椿大事。唐高宗問張公藝為何能九世同居，當時已經八十八歲的張公藝答道：「**老夫自幼接受家訓，慈愛寬仁，無殊能，僅誠意待人，一『忍』字而已。**」並且拿出紙筆，書寫了一百個「忍」字呈給皇上。 唐高宗聽了感動到涕淚縱橫，並且賜給他縑帛以示表彰，同時即封張公藝為醉鄉侯，封張公藝的長子張希達為司儀大夫，還敕修百忍義門，唐高宗並御筆親書「百忍義門」四個大字。張公藝活到九十九歲去世，後人稱他為「張百忍」，並修建「百忍堂」，以示紀念。

一家族人九百口，而且是九世同堂不起紛爭，簡直不可思議。也因此有些佳話流傳衍生出傳說。其中之一便是：張家的狗兒也見賢思齊，一百隻狗一起進食，如果有一隻沒到，其它的狗都乖乖等候，全部到齊後才一起開動。

台北故宮所藏的那方松花石蟠螭硯台，我個人認為最雅致、也是工藝水準最高的部分是在硯蓋，可惜歷年來都

白玉牌的正面，以陰刻淺浮
雕琢蘆葦及九隻白鷺。
（圖版提供／佳士得）

沒有被特別重視，這九隻鷺鷥的圖案和寓意也被大家忽略
了。

　　還有另一件名品和九世同堂有關，即是香港佳士得在
2006年的秋拍上，推出「瑰玉清雕——重要玉器珍藏」，
有一百多件精品，皆是由美國著名藏家及亞洲藝術古董商
哈特曼夫婦（Alan Hartman、Simone Hartman）經半個世
紀精心搜集而成，涵蓋新石器時代以至宋、明及清代的玉
器，其中只有一件白玉牌，刻的就是九世同堂的圖案，玉

牌正面以陰刻淺浮雕雕琢蘆葦、白鷺。湖面微風輕拂，蘆草蕩漾，七隻白鷺憩息湖面，有的站立，有的浮水，有的仰首。兩隻飛翔空中，俯首向水中七隻白鷺張望。九鷺象徵九世同堂，寓意吉祥，背面陰刻隸書詩文「雪衣雪髮青玉嘴，群捕魚兒溪影中。驚飛遠映碧山去，一樹梨花落晚風」。白玉牌以九世同堂為雕刻題材者，目前在已知資料中只有此例，而且和故宮的硯台蓋風格接近。「瑰玉清雕」拍賣專場，在當時是歷年來拍賣會中玉器素質最整齊的一次，從那次拍賣開始，文物市場的玉器價格就飄向雲端了。

在瓷器或在其他古代工藝品如家具上，偶會見著九世同堂的題材，顯見張公藝家族的事蹟在中國社會備受尊崇。其實早在張公藝之前，張家不但就是大家族，而且屢受當權者禮遇。從北齊到隋朝到唐太宗和唐高宗，都有皇帝親自或派員前往表彰致意。甚至到清末與民國初年，都還被列為教科書的內容。

台北故宮那很多鳥的松花石蟠螭硯台，是乾隆早期的作品，採九世同堂的題材，應該也是乾隆帝重視家庭倫理的象徵，我突然想起，歷史紀錄乾隆一直到十二歲那年才見到他的爺爺康熙大帝，我查了一下，康熙一共有九十七位孫子！宮廷鬥爭不斷，都是這些皇帝老爺管不住鳥所惹的禍呀！

13
「萬稅爺」的帽子

　　港幣五千萬是很多人一輩子賺不到的數字，卻是某些遊戲的入場票價。2008年4月11日香港蘇富比的一場專拍，其中一個直徑18公分的爐子，起拍價就是五千萬，這場賽局進行五分鐘後只剩兩個人競逐，因為價格已經來到港幣六千八百萬，最後在全場如雷掌聲下，得標買家以港幣一億四百萬（含佣金為港幣1億1680萬）買下了明朝宣德的金胎鏨「趕珠雲龍」紋嵌寶石三足蓋爐。這是當時史上最

明朝宣德的金胎鏨「趕珠雲
龍」紋嵌寶石三足蓋爐。

貴的金器！不過，我認為最珍貴的中國金器則是北京定陵博物館的萬曆金絲冠。這也是至今唯一被發掘出的古代皇帝金冠。

萬曆的金冠原名「翼善冠」，重量有800多公克，皇冠頂上裝飾著龍鳳，姿態生動，這金冠用極細的金絲編成的金龍，對稱裝飾在冠頂的兩側，居中是一顆火焰寶珠，工藝精美不在話下。每位審視過實物的人都一致讚嘆，整個金冠帽子竟找不到一個金絲接頭處！從定陵同時出土的還有萬曆孝端皇后的鳳冠，其中的六龍三鳳冠最讓人驚豔，鑲嵌珍珠就多達五千四百四十九顆，紅、藍寶石一百二十八塊！整個鳳冠重量是4斤8兩。定陵出土的文物多達兩千六百四十八件，其中金銀器就有數百件，足見皇家氣派。萬曆皇陵會有大批金銀珠寶陪葬不會讓人意外，因為他生前就是貪財之人。

萬曆期間想升官，就提「錢」來見，官員定期進獻銀兩，而數字就成為考核重要依據，為了獲得更多的銀子，萬曆實行萬萬稅，宦官四處假借稅目搜刮，「礦稅」就是明顯的例子，有些地方根本沒開礦，宦官照開價碼讓當地百姓去分攤。僅萬曆二十九年（1601）一年，宦官們進獻給萬曆皇帝的白銀就達九十多萬兩、黃金一千五百七十五兩，還有大量的珠寶。不過，皇帝其實只拿到十分之一，大部分的金銀落入了宦官們的荷包。最後連百姓養隻雞都要繳稅。當前線吃緊，缺乏糧餉時，在官員百般苦求下，萬曆皇帝才拿出一點點銀子做為軍需使用，但拿出的銀子因為萬曆私藏已久，都已經發黑發黴！

萬曆是一位駝背的宅男，極少出宮，但他不出門也能在宮中做生意，他把一些宮殿改裝成店鋪，派人在宮外採買物品後放在這些店鋪內，宮內的宦官和被召喚入宮的官員就是消費者，萬曆自己當掌櫃而開價當然是獅子大開

萬曆皇帝明神宗的金冠，定陵博物館藏品。

口，而且一律不二價，很難想像吧！明代的一位文官田大益在疏奏大膽批評說：「皇上嗜利心滋，布滿狼虎，飛而食人，使百姓剝膚吸髓，剜肉刺骨，亡家喪身。」不過，萬曆皇帝可能連看也沒看過這份奏摺，因為萬曆他屬意的太子人選遭到朝廷百官反對，結果從萬曆十七年起，萬曆索性就不上朝了，這一蹺班就長達三十年之久，以至於有些明朝官員一輩子也沒見過皇帝的龍顏。因為萬曆不見大臣，不理朝政，於是萬曆晚年的高級官員有三分之一出缺，中下階官員的派任，通常則是由太監抽籤決定。清代修明史時，就認為明朝是從萬曆開始衰敗的。

　　萬曆花了八百萬的白銀為自己修築了定陵，神宗皇帝躺在這裡三百三十六年後，寧靜被打破了。共產黨在1956年開始挖掘定陵，這是萬曆噩夢的開始，當年沒有現代化技術，所以萬曆的龍袍在出土後遇見空氣就成為碎片，1959年定陵成為博物館，不過萬曆的棺槨則被博物館人員當做垃圾丟入山溝。文革興起，紅衛兵衝進博物館拖出神宗的屍骨點了把火燒得精光。

　　萬曆皇帝是明朝即位時年紀最小的皇帝，也是在位最久的皇帝，也是怠忽職守最長的皇帝，更是最視錢如命的明朝君主。他為我們留下唯一的皇帝金冠，代價是萬曆皇帝他灰飛煙滅了。

破戒方得觀世音

　　有一次我開車帶著當時才三歲多的大女兒出遊，途中她突然流鼻血，我忙著幫她敷濕巾，並讓她躺在車後座，又一邊哄她跟著我不斷唸「觀世音菩薩保佑」。2010年暑假，已經十七歲的大女兒由美返台實習時，突然半夜輾轉難眠，我起身幫她揉腳，她問我睡不著時都怎麼辦？我又半哄半疼地讓她跟我唸「觀世音菩薩保佑」。她問我樓下供奉的菩薩為什麼腿是翹著的？「那叫水月觀音！」我邊揉她腳邊對她說。

　　最讓人震撼的翹腿觀音，當屬美國納爾遜博物館的遼代彩繪木雕水月觀音，無論你從哪個角度看，這尊觀音都傳遞著無法言喻的魅力。觀音菩薩應該是最深入中國人心的佛教神明，即便是在《西遊記》中，除了唐僧師徒四人外，出場最多的人物就是觀音菩薩，孫悟空一路求助最多的對象也是觀音菩薩。不過，一般台灣人供奉的觀音以白衣觀音大士為主，但水月觀音的造型在中國已經有超過千年歷史。文字紀錄中，最早有水月觀音的是唐代畫家周昉所繪製的造型，不過沒見過實物。當今最早的水月觀音形像是法國吉美博物館來自敦煌的一幅絹畫像，年代是西元943年，畫中有水池，觀音身後有一輪圓月，同時右手持楊柳，左手拿寶瓶，以一腳翹起、另一腳踩在水池蓮花上

美國納爾遜博物館的遼代水月觀音（何政廣攝）

的如意姿態坐在岩石上，頭上有化佛，依據法華經，那兒
是觀音菩薩的住處。最有趣的是，絹畫上的水月觀音是男
的！下巴和上唇都留有鬍鬚。

觀世音的女性化樣態從宋朝起就逐漸普遍，基本原因是中國人的觀點認為女性與慈悲的連結度較強。不過，水月觀音的坐姿雛型，我認為顯然和印度佛像受到古希臘雕刻影響後又輾轉延續至中國有關，法國羅浮宮所藏的古希臘（約西元前400年）仕女高台坐姿大理石雕像就是一例。

　　佛教源起於印度，在西元二世紀，印度就已經有觀音菩薩的概念，印度古語「觀音」的原文是「往下看人間」的意思，而「觀世音」從梵文佛經變成中文，是高僧鳩摩羅什的精采翻譯。只是鳩摩羅什付出了娶十一位太太的慘痛代價！

　　鳩摩羅什是出生在今天新疆的印度貴族後裔，天資聰敏，甚早出家，四處宣揚佛法，對西域佛教徒有極大號召力，在當時動盪的五代十國，鳩摩羅什先是被涼州大將呂光控制為人質，並逼迫他娶龜茲國公主為妻，這是鳩摩羅什第一次失身。後秦的君主姚興掌權後，支持鳩摩羅什在長安翻譯佛經，這原是好事一椿，不料姚興對當時已經五十八歲的鳩摩羅什說，他一旦去世，法種將斷，竟逼迫他一次娶十名歌妓為妻妾！為了翻譯弘法，鳩摩羅什第二次破戒。

　　鳩摩羅什何以還有體力從事翻譯，我不得而知。不過鳩摩羅什深感有虧佛門的清規，所以在講經說法時總是用「臭泥中生蓮花」自喻。不過，當時許多僧人也想要娶老婆。在晉書‧鳩摩羅什傳有這樣的記載：鳩摩羅什在鉢盂中放滿了針，對眾僧說：「如果能夠和我一樣將這些都吃掉，就可以娶妻。」他將滿碗的針當吃飯一樣唅進口中，眾僧驚愧佩服。

　　我揉著揉著，女兒發出了鼾聲，是我揉腳之效，還是唸菩薩之功，我也不明白，我手痠了才想起，女兒幾年前已經受洗成為天主教徒了。

15 一代女皇的金名片

　　有人問我，是否有意願看看武則天的傳國玉璽和黃金聖旨，我一聽可傻眼了！對方還說，那黃金聖旨只有孫中山、胡錦濤幾個人看過，因為聖旨和玉璽分別被祕藏在台北和北京故宮博物院，沒有對外公開，不久前才獲特許限量複製。我靈機一動問：「大陸的《武則天祕史》電視劇看過嗎？」「有。」這位不曉得已經花多少錢的藏家回應我。我又問：「還記得飾演武則天的演員殷桃，那時突然罩杯升級而震驚各界嗎？」對方開始出現疑惑表情。「您那傳國玉璽和黃金聖旨的真假怕也跟殷桃的胸部一樣。武則天倒真有一件黃金名片流傳於世。」說完，我怕他說他也有，於是我連茶都不敢喝就趕緊告退。

　　1982年5月，河南農民屈西懷上嵩山採藥時，在山上石縫中發現了一塊金閃閃的簡片，專家檢視後發現這是史籍曾記載過的金簡，這長36.5公分，寬8公分，厚不到0.1公分的純金簡，顯現唐朝時期金器工藝的高超水準，鏤刻雙鉤楷書銘文：「上言：大周圀主武曌好樂真道，長生神仙，謹詣中嶽嵩高山門，投金簡一通，乞三官九府除武曌罪名。太歲庚子七月甲申朔七日甲寅小使臣胡昭（超）稽首再拜謹奏。」簡單的說，這是武則天專用的名片，投放給山中諸神，祈求消災贖罪。這枚金簡是河南博物院的鎮館之寶

武則天金簡　1982年於登封市嵩山峻極峰北側石縫中發現，此物落款為唐代久視元年（西元700年）七月初七所造，金簡為純度96％的黃金製成，上刻雙鉤銘文六十三字，此金簡現藏於河南博物院。（王庭玫攝）

武則天金簡上的銘文

之一，也是唯一和武則天有關的存世文物。武則天的陵墓
至今沒被盜墓過，中共當局也沒計畫開挖。

　　這片金簡幾年前曾經在台北和高雄展出，不過，似
乎參觀群眾對這「金片」並不特別在意。其實這金簡可能
意含武則天對自己透過血腥代價取得權力的懺悔或不安，
因為她殺了自己的女兒、兒子，同時也殺了唐朝的宰相國
舅，除掉了一位皇后和妃子，武則天也是最早實行大規模
白色恐怖的統治者。

　　上述金簡可看到當時武則天已經是皇帝，並且立國號
為周，銘文中的圀（國）和曌（音「照」）都是武則天自創
的字，可見她是一位極具開創企圖心的政治人物。從企業
管理的角度，武則天真是超級CEO和創業家，在丈夫唐高

宗統治後期，武則天其實就已經掌權，實際治理國事，高宗駕崩後，變成皇太后的武則天快速布局，把董事長（皇帝）給架空了，最後把公司（唐朝）併吞並且另立董事會（扶植自己的姪子稱王並任用親信），武則天也是最早採取殿試的皇帝，也就是面試文官，為官者必須能寫也能說，舉止儀態都重視，武則天也藉此打破了階級門第，她的知人善任，讓她掌權半個世紀之久。

史學家大都認為，武則天的有效治理為後來的開元之治鋪了路。可是武則天的豪放之姿真是super！唐太宗和唐高宗兩位是父子關係的皇帝，但也都是武則天的老公，武則天五十九歲起寵養面首（男寵）。被形容為白皙貌美的張易之、張昌宗兄弟檔面是武則天的最愛，張氏兄弟進宮時，武則天都已經是七十三高齡了！坊間有流傳武則天保養的祕方，不過，我想武則天家族的DNA恐怕才是關鍵。女兒太平公主曾經和母親武則天共享情夫，新唐書曾記載「敏之韶秀自喜，烝于榮國」，敏之指的是武則天的親外甥賀蘭敏之，榮國指的是武則天的母親，而「烝」是古代指晚輩男子和長輩女子通姦的用語，也就是說賀蘭敏之和自己的外祖母有姦情！當時武則天的母親已經是八十八歲了！電視版的武則天之荒唐也挺雷人的。

「皇上，我叫武媚娘，還有一個大名叫武曌。」這是大陸演員殷桃在《武則天祕史》電視劇中，見到唐太宗時講的第一句話，歷史老師看了一定吐血抓狂，因為「武媚」是唐太宗賜給她的名字，而「武曌」是武則天後來得勢稱帝後自己取的名。通稱她武則天是因為她死後被尊奉為「則天大聖皇帝」。武則天是中國歷史上唯一被史學家承認的女性皇帝，至於這位曠世奇女子的本名，套句現代用語是「不詳」！

16

「禁」得好？

　　民國102年3月1日起，酒駕就罰九萬。「酒」這穿腸毒藥不僅會導致駕駛傷人傷己，更可能會亡國滅族。2013年3月1日中國大陸國家博物館就讓大家見識到千百年前的祖先，所留下「勿貪杯」的祖訓。

　　中國大陸國家博物館3月起展出一批青銅器，其中最受矚目的是被稱為「禁」的青銅器，那是2012年才出土的寶貝，此「禁」是近百年的重要發現之一，也是考古歷史上首次有完整出土紀錄者。所謂「禁」指的是從西周起，當權者要求眾人禁酒及為提醒後人少喝酒而鑄造的青銅器。以往史籍中有不少關於「禁」的記載，但到目前為止，僅有三個「禁」明確存在。過去最出名的「禁」常年在紐約大都會博物館展出，並被視為是大都會博物館館藏中國青銅器的代表。大都會能擁有這件「禁」也是拜中華民國誕生和一顆頭顱落地所賜。

　　宣統三年（1911年5月18日）滿清政府任命端方為川漢粵漢鐵路督辦大臣，端方當時首要之務是處理川湘鄂保路運動，當他抵達四川時，新軍已經在武昌起義，儘管端方百般安撫他所帶領的部隊，但端方和他的弟弟端錦被支持革命的軍官劉怡鳳砍下了腦袋，後來曾任中華民國大總統的黎元洪更一度下令將兩顆頭顱遊街示眾！端方是清末的

紐約大都會博物館的「禁」與青銅酒器

重要收藏家，歷史上第一件出土的「禁」就是他的收藏。當端方歿後，他的後人開始變賣藏品，「禁」因此輾轉被賣到大都會博物館，大都會當時一次獲得的是十三件青銅器：禁、尊、瓿、罍、盉、爵、角、斗各一件，卣二件，觶四件，「禁」就是可擺放這些酒器的小案，這一套青銅器讓大都會博物館獨領風騷多年，直到中國大陸陝西省寶雞市的一位曾先生蓋房子為止。

2012年3月準備要結婚的曾小剛，找工人挖自宅山坡為自己蓋棟新房，動工不久就停擺了，因為挖到一個商周時期的古墓，出土一大批文物，專家的考古工作持續不段進行著，三個月後曾小剛在周邊另覓他處重新啟動新屋工程，怪手正怒吼著，曾小剛的鄰居徐海軍騎著腳踏車途經工地，突然大叫停止，並開始扒開土層，結果又是一個大墓！發現的青銅器就包含考古史上罕見的「禁」！這一整套重器在地底下待了三千多年！

傳說中，大禹是第一個意識到喝酒會誤事誤國的君主，而信史中，周公是第一位明文下令禁酒的掌權者，因為周之所以有天下，就是因為商紂喝茫了而斷送社稷。小時候學會「酒池肉林」的成語，沒想到在1999年，學者真的發現了殷商的「酒池」遺跡。簡單地說，周公頒布的禁酒令「酒誥」認為：酒是亡國的根源，因此周朝宗族，除非是在祭祀時才可飲酒，平日不能經常飲酒，如果有人聚眾喝酒，就一律問斬。現代的夜店咖應該很慶幸活在今日的台灣。

1927年7月，大碗喝酒的軍閥黨毓坤指使部下在陝西寶雞大舉盜墓，結果讓他挖到了一個「禁」（傳說中他挖到三個），這個「禁」現在是天津博物館的重要收藏。黨毓坤一定不知道，當他開懷暢飲慶祝發了橫財的當時，太平洋彼岸的美國正因為禁酒而天翻地覆。1920年美國通過重要的憲法修正案第18條，酒不僅不能公開喝，也不能賣和不能運，其結果是假酒橫行，喝瞎了許多貪杯之徒，簽署禁酒令的美國總統哈定，自己偷偷躲在白宮吮喝死黨「杯底不要養金魚」。而私酒更成為黑幫的搖錢樹，電影中殺人不眨眼的黑手黨首領卡彭（Al Capone）就是在那樣的背景下囂張全美國，電影《鐵面無私》中，勞勃·狄尼洛飾演的正是卡彭。美國人憋到1933年廢掉了禁酒令，也成為美國歷史上唯一被廢除的憲法修正案。

　　2012年7月曾小剛挖地基所發現的「禁」正式被提取出來面對外界，那時的美國剛進行一場拍賣，號稱私酒大王卡彭生前的凱迪拉克座車，以美金三十四萬一千元的高價成交。買賣雙方都喝得很High喔！對了，忘了告訴你，小曾的新房到現在還沒動工！

黑手黨卡彭的座車以高價賣出

17
金厲害！

　　我的朋友前個月一口氣買了十多公斤的黃金，銀行
經理親自倒茶，美女理專們環伺在側並列隊鼓掌歡送，不
料，才交割完畢，金價就彷彿沒燃料的飛機一路下墜，單
日跌幅可達10%，正好和朋友的血壓曲線成反比。我勸他看
開點，錢財乃身外之物嘛，過去可是有人為了買黃金，而
被活活擠死！為證明我所言不虛，我找出了一張紐約現代
美術館（Museum of Modern Art）珍藏的歷史照片為憑。
　　1948年8月國民政府頒布命令，發行新的紙鈔金圓券取

（左）1949年上海發薪日
情景
（右）上海搶購黃金擠死
人的歷史鏡頭

（左）由金瑞山掛保證的台
銀金片
（右）金瑞山銀樓的金錠

代法幣，並且要求私人所持有的黃金、美鈔、銀元，都必須在9月30日前換成金圓券，違者沒收。因此國府從民間回收黃金一百六十八萬五千多兩，但金圓券只用了十個月，幣值大貶兩萬多倍，當年發薪水時出現公司用大木箱運鈔票，上班族用麻布袋裝鈔票領薪水的奇觀。物價失控的情形今人難以想像，上海大米每石價格為金圓券四點四億元，也就是說買一斗米就需扛四千四百萬鈔票出門！1949年底，國民政府又突然宣布，銀行可以限量銷售黃金，於是乎形成搶購黃金的熱潮，銀行門口的人龍，每個人真的前胸貼後背地黏在一起，曾經在一天內活活擠死十個人，被譽為現代攝影之父的法籍攝影家布列松（Henri Cartier-Bresson），當時在上海現場用萊卡相機留下這令人觸目驚心的歷史鏡頭。

一般人認為政府是牢靠的，國營的銀行比較有信用，但是這波國際黃金價格大跌，就是因為賽普勒斯政府窮到沒路跑，只好準備要賣掉上百噸的儲備黃金，使得國際市場大亂。民國39年，國府跑路到台灣後，也曾透過台灣銀行鑄造金片做為支付工具。看看當年台銀的金片，上面除了有成色重量外，還有台銀和金瑞山的字樣，並且有個大大

的「驗」字，金瑞山（舊址在今天的台北市延平北路）是台灣光復初期的四大銀樓之一，而當時政府的黃金需要交給金瑞山檢驗擔保成色，否則老百姓是不買單的！有些鑄印有「登錄商標金瑞山」、「寅」、「足赤」一兩的金錠，看起來金瑞山銀樓自己鑄造黃金的水準是比台銀好，這些見證民間銀樓比政府還有信用的黃金，如今已是收藏家的珍品或拍賣場上的搶拍標的。

到目前為止，中華民國最值錢的「錢」卻是從來沒用過的錢！那是面額五十元的金幣。民國16年張作霖在北京被孫傳芳、張宗昌、吳俊陞、張作相等擁為「中華民國軍政府」陸海軍大元帥，行使大總統職權，在他統治之下的天津造幣廠鑄造了一款金幣，金幣正面有張作霖戎裝像，背面則是龍鳳圖案，並刻有「伍拾圓」及「中華民國十六年」字樣。2008年，一枚當時被認為是舉世孤品的張作霖五十元金幣在香港首次露面，以五十二點六萬美元（約為387萬港幣）成交。2012年11月24日，張作霖家族又拿出另一個相同款式的金幣，這個直徑2.8公分的錢幣以港幣四百十一萬創下歷史性紀錄。

中華民國是敗也黃金，成也黃金，當年的金圓券風波加速了國民黨的潰敗，而若不是蔣介石先生悄悄下令運了大批黃金來台灣，中華民國現在也已經成為歷史名詞了！當年國民黨的孔宋家族撈錢劣行，至今猶被議論甚至咒罵。不過，也有不要黃金的高尚部長。

1949年12月9日國民黨政權撤離大陸的最後一批飛機中，有一輛專機載有五位重要官員。包括行政院院長閻錫山、副院長朱家驊、政務委員陳立夫、秘書長賈景德及剛剛升任教育部長的杭立武。當時很多人都帶著黃金，閻錫山尤其多，一個人就帶了好幾箱，沒人敢叫他拋下黃金，飛機因此超重飛不動。當閻錫山留下幾名隨從，飛機要起

創天價的張作霖金幣

天價金幣的背面有「中華民國十六年」字樣

飛時,張大千帶著七十八張在敦煌臨摹的畫趕到了機場,要求上飛機。杭立武提出條件,他把自己的積蓄二十多兩黃金拋棄,讓張大千上飛機,但張大千手中的畫將來必須捐給故宮博物院。張大千一口答應,並且在名片上立下字據。杭立武卸下三件行李和黃金,眾人也到了到台灣,這批敦煌臨摹的壁畫到印度、巴西展覽後,1969年張大千兌現承諾,把這批畫捐給了台北故宮博物院。

受不了金價的劇烈起伏,朋友最終忍痛認賠拋售那十多公斤黃金,了卻心頭之患後,還請我吃了一頓大餐,會察言觀色的我,當然沒再追問,拋售黃金時,還有美女理專列隊歡送嗎?

18
來鍋三杯龍！

　　美國龍太兇惡了！因為2013年5月下旬到6月初，兩週內美國奧克拉荷馬州接連遭到兩次龍捲風襲擊，導致數十人喪生。這與龍何干？2007年，國立中央大學的教授趙丰在一次演講中，提出「龍捲風就是龍」的論點。（趙教授的演講內容在國科會的官網還可以看到）

　　長期以來中國人一直把龍視為祥瑞而神祕之物。而趙丰教授認為「龍捲風能『通天』，直立而且彎曲，就如同甲骨文、古玉器所描繪的。它們變化多端，來去無蹤，一般出現的季節是每年春分到秋分時節，完全有如《說文》所述，而且有不一樣的光影色彩，出現時伴隨暴雨、閃電、冰雹。」

　　現在最常發生龍捲風的地方是美國，趙教授說美國中部大草原地區，每年約有上千個。有的龍捲風在半空中出現、在半空中消失。有的把地面塵土吸起來，或白色、或黑色、或反射太陽彩光，全都奇形怪狀……。從開始到消失，一走幾十公里。

　　他認為古中國就是如此。趙教授指出，因為地球冰河運動的關係，現在美國中西部的地理環境和氣候條件，與三、四千年前的中國華北地區相同。趙教授的「龍就是龍

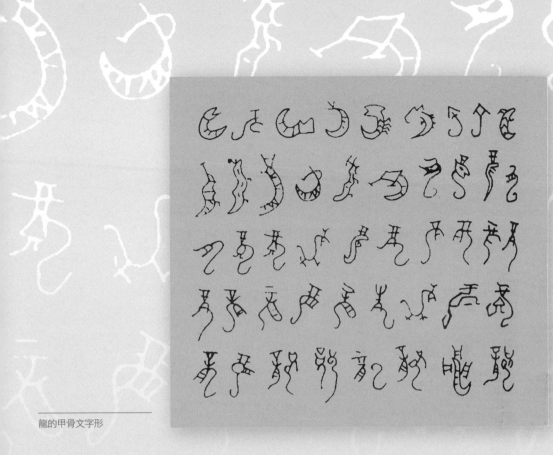

龍的甲骨文字形

捲風」的科學觀點十分吸引人，但我老想著清蒸龍切薄片配蔥花、紅燒龍掌，再佐碗川貝枇杷燉龍湯，因為我認知的「龍」就是鱷魚。

　　成書至少於西元前四百多年的《左傳》，明白記錄有一年某地有龍出沒，一位官員魏獻子去問史官蔡默：「吾聞之，蟲莫智于龍，以其不生得也。謂之智，信乎？」對曰：「人實不知，非龍實智。古者畜龍，故國有豢龍氏，有禦龍氏。」這段翻成白話文就是：聽說龍是最有智慧的蟲，真是如此嗎？蔡默單刀直入地說：龍是占代畜養的動物，當時著名的養殖業者，一位叫豢龍氏，一位叫禦龍氏，只是人們不清楚罷了，龍一點都不聰明。最有意思是蔡默說：「有劉累學擾龍於豢龍氏，以事孔甲，……。龍

1987年河南的仰韶文化遺址出土一條蚌殼龍

2002年二里頭文化遺址出土一件綠松石龍形器

一雌死，潛醢以食夏後。夏後亨（烹）之。既而使求，懼而不得，遷於魯縣，……。」蔡默說：有位叫劉累的人和豢龍氏學養龍，並為夏朝的皇帝孔甲效命，一次劉累所養的母龍死了，結果劉累做了一碗龍肉羹給孔甲吃，孔甲覺得味美，派人叫劉累再做些龍肉羹來，劉累怕唯一一條的母龍已死的事跡敗露，所以乾脆落跑到了魯縣的地方去避風頭。

　　《左傳》不但引用了蔡默的說法，更明白地解釋，龍不但是人所可畜養的動物，也是可吃的食物，沒有什麼神奇之能！

　　我認為古代中國人當真看過龍另有所本。民國初年才發現的甲骨文，其中「龍」字的寫法沒有統一，但都有相同特性，即有頭頂尖突、大嘴或有尖牙、蜷曲的身軀、長

尾、身上有鱗狀紋飾，如果古人沒見過實物，這樣的象形字應很難紛紛出現。1987年，河南的仰韶文化遺址出土了一條以蚌殼精心擺塑而成的龍，它距今已有六千多年的歷史，這條蚌殼龍長1.78公尺，仔細看就是一條鱷魚！2002年，被大部分學者認為是夏朝早期的二里頭文化遺址，出土一件綠松石龍形器，頭大、眼突、高鼻、身彎曲、蜷尾、身上有鱗，由兩千多片形狀各異的綠松石片組合而成，最大的綠松石直徑僅有0.9公分，最小的甚至僅有0.2公分，超薄的厚度為0.1公左右，顯然是精心製作。這隻中國早期的龍，也和鱷魚近似。在商朝也有龍的實體代表作，現存於山西博物院的龍形觥，器身上精美的圖案，和整體造型，都是鱷魚的形制。將以上三件文物和中國原有特產的揚子鱷相比較，你會驚訝有許多相似之處。

　　在中國歷代祖先的造神活動下，龍的圖騰化效應在華人世界已無法撼動，可是如果趙丰教授的研究屬真，會不會有一天老美也說他們是龍的傳人？愈想愈憂心的我，此時若能來鍋三杯龍，再配上啤酒，一定能紓解壓力。

現存於山西博物院的青銅龍形觥。

19

把沉香當蚊香點

　　好友林憲能在坪林有座名為「前後象」的私宅，被認為是台灣空間美學的創作代表。有次我和三兩好友造訪這座憲能兄自己一手設計的院落，他十分慷慨地拿出老酒佳餚款待，又讓我們看他的沉香收藏。酒過三巡後，蠻High的憲能兄讓我們點火燒沉香，一塊又一塊的聞味道。當晚也不知道燒掉了多少鈔票！

　　2011年，中國嘉德秋拍有一盒清朝沉香木，共有約三十多塊木片，總重量1265公克，盒子本身也是沉香木，重3000公克，當時成交價是人民幣七百一十三萬元（約新台幣3500萬元）。很難想像這種價格的香點下去是會讓人心平氣和還是坐立難安？目前為止，最高價的沉香藝術品是在北京成交，不過「它」一度差點在台北付之祝融。

　　2012年，一座沉香雕仙山樓閣嵌西洋鏡座屏出現在北

保利拍賣的沉香塊

最高價的沉香藝術品－沉香
鏡屏

京保利春拍，立刻引起注意。有些人讚嘆不已，更有人湊近去聞聞味道，這座鏡屏最初是出現在歐洲的小拍，當時被列為一般軟木家具，結果台灣古董商僅以新台幣一百萬元就標到，這鏡屏長56公分、寬25公分、高81公分，正面鑲玻璃鏡面，上端及兩側面的上方，浮雕山水樓閣，仙雲裊裊，山石嶙峋，松枝遒勁，通體又滿雕海水波浪紋。背面共六層畫片，通過光學原理，從鏡面之上的兩個圓孔，還可看到立體的西洋人物風景，有人認為這種有洋味中國藝術品，可能是當年圓明園的擺設收藏。古董商後來轉手賣給我的朋友小邱，但是因為他常年待在大陸，於是乎把這件鏡屏寄放在周杰倫的造型師「阿杜」處，沒想到有一天阿杜出門忘了關瓦斯，爐上的開水燒乾了，若非及時趕回去，恐怕鄰居和消防隊就會聞到百年沉香味了，之後阿杜堅持將沉香鏡屏儘速交還小邱。阿杜是明智的，因為這

中國嘉德拍賣的伽楠手串

件鏡屏最後以人民幣兩千零七十萬元（約一億新台幣）成交，打破中國沉香藝術品拍賣紀錄。若毀在阿杜家中，他幫周董化妝化到手殘都賠不完！

「請您尋出家傳的霉綠斑斕的銅香爐，點上一爐沉香屑，聽我說一支戰前香港的故事。您這一爐沉香屑點完了，我的故事也該完了。」這是1943年4月張愛玲發表的第一篇作品〈沉香屑──第一爐香〉的開場，我覺得美極了，也讓我確認中國文人的品香和日本的香道有所不同。日本的香道是不出煙的，點燃少許香材後就埋在香灰中燜燒，鼻子就香爐聞香，依次傳遞下去。中國人應該從古時到二戰期間，點香時是出煙的，蘇軾的「無一往之發烈，有無窮之氤氳」。

李白的「博山爐中沉香火，雙煙一氣凌紫霞」。這些動人的描寫全都有「煙」。最奢華的的煙，恐怕是隋煬帝

點出來的，他每到除夕，「必焚沉香數十車」，方圓數十里都可聞到香氣。

不點火卻讓我聞到動人心扉的沉香香氣，是在國立歷史博物館的一次採訪經驗，當時錄製關於香道文化的專題，史博館一件「十八粒伽楠（沉香最高等級）手串」，粒粒佛珠上都嵌有極精細的黃金金珠，手串才拿上手，立即香氣襲人，讓人不捨離去。另一件同為宮廷藏品的「伽楠香木鑲金粟壽字十八子手串」，2013年5月13日下午，在中國嘉德春拍以人民幣三百一十點五萬元成交，平均一粒小小珠子價值超過八十三萬元新台幣。

別以為沉香只有LKK所愛，沉香還曾出現在漫畫和電玩遊戲中！這是取材於日本真實的歷史故事。日本奈良東大寺正倉院收藏了一段有一千三百年以上歷史的沉香木，名為「蘭奢待」，雖然這塊沉香木並不是最好的等級，但日本人認為「蘭奢待」是天下第一香，歷代天皇與將軍們取下部分小塊用來供做自己使用或賞賜有功的臣子，織田信長為了顯示自己的影響力，向天皇要求取一部分的蘭奢待，歷史記錄當時他用鋸子取香時，粗魯的動作把一旁的大臣給嚇暈了。現在這塊長1.5公尺的木塊還是日本神聖而重要的觀光景點。在名為「信長之野望」系列的電玩遊戲中，蘭奢待是重要寶藏之一，由此也可見沉香在日本的文化影響力。

走筆至此，突然想到憲能兄好久沒打電話邀我去「前後象」了，莫非他酒醒後發現我們把沉香當蚊香點的真相了！?

日本正倉院的蘭奢待

20
神燈

　　阿拉丁摩擦油燈，向神靈祈求財寶的故事大家都熟悉，一天有人傳了張照片給我，也許我閱覽的表情很認真，引起一旁朋友的好奇，我回說我正在瞧瞧歐巴馬的辦公室有沒有神燈。那是一張歐巴馬在室內講電話的照片，一旁有對檯燈，燈座是紅色的中國瓷瓶。仔細端詳後，我認為白宮的檯燈是工藝品。不過，有位歐巴馬的國會前輩，他家的檯燈可是價值連城的神燈。

歐巴馬辦公室的瓷器檯燈

　　2002年香港蘇富比春拍會上，香港收藏家張永珍女士以四千一百五十萬元港幣拍到清雍正粉彩福壽雙全蝠桃紋橄欖瓶，在當時創下了有史以來清代瓷器拍賣的最高紀錄！現在這只瓶子已經由張女士捐贈給上海博物館，一度還在新聞版面上出盡鋒頭。而這瓶子原來是美國駐外使節協會主席（Chairman of the Council of American Ambassadors）奧登瑞德（Ogden R. Reid）家族的藏品。瑞德家族在美國

十分顯赫，他們是紐約《先鋒論壇報》的擁有者，奧登自己還曾擔任過美國駐以色列大使，他的母親海倫女士當年是美國上流社會的名媛，也是蔣夫人蔣宋美齡女士的摯友。前述所提的橄欖瓶就是海倫的收藏，但數十年來這豪門家族，沒有人認真去了解這中國瓷器，甚至把它拿來當成檯燈座，為了穩定起見，他們甚至還在瓶內放了從院子挖來的沙子。當瑞德家族整理好一批先人留下的文物，交由蘇富比去估價拍賣時，專家到了奧登瑞德府邸現場，一眼就看到挺立在客廳的檯燈是件寶貝。還好他們沒把這瓶子底上鑽洞穿電線，所以才能在拍場創下高價。有些人家的燈翻身的過程也很「神」，但因為一洞之差，就少賺了二百九十五萬英鎊。

多爾契斯特（Dorchester）是英國南部一個人口不到兩萬人的小市鎮，一位仁兄突然因「燈」而發財，他在看了英國版的尋寶節目後，就摸著自己家的檯燈，想著或許能發財，奇蹟真的發生了。他將檯燈送去給公爵（Duke's）拍賣行，竟拍出了五十五萬英鎊的價錢！這件檯燈的燈座真的很美，原來它是件中國明代青花瓷香爐、外型優雅、畫工精緻、釉質肥潤，高約38公分，器身上半部呈鏤空構造，有通氣的小孔，爐身飾有捲鬚葉、花草和海浪紋，底部有大明宣德年製的青花款式，是典型的15世紀官窯。許多年前有人將它當成禮物送給後來的擁有者，只是這個宣德香爐被改成燈座時，底部被鑽了個洞，市場人士說，少了那個洞，就可以賣到三百五十萬英鎊！

手牽手逛博物館是既甜蜜也可能發財的機會，1983年一對蘇格蘭夫婦在逛博物館時，赫然發現一件陳列品和自己家中的檯燈座頗為相似，蘇富比的專家鑑定證實，那是極稀少的洪武年釉裡紅玉壺春瓶，1984年拍賣成交價是四十二

（左）從燈座解放的釉裡紅玉壺春瓶身價不可同日而語

（右）美國大使家中的檯燈現在是上海博物館的明星

萬英鎊，並且在1988年又創下一千七百零五萬港幣的成交紀錄，此後這隻原是燈座的瓷瓶身價更是扶搖直上，1997年它登上香港佳士得拍賣，以兩千兩百零二萬港幣成交，2006年5月30日再次於香港佳士得，被澳門賭場之一的永利老闆以七千八百五十二萬港元的天價紀錄買下，2010年永利將這件曲線玲瓏的玉壺春瓶捐給了澳門博物館。

　　每回我講尋寶的故事時，都會引起朋友的好奇，這次亦然，不過，這回朋友最大的震撼是，我告訴他，原版阿拉丁神燈故事的主角阿拉丁其實不是阿拉伯人，而是中國人！

大明宣德年製的香爐被改成檯燈座

21

大拇指上的富貴

　　老友帶了一位以相術為業的朋友來和我聊天，這位相士拇指上有個翠玉扳指，談話中會不時炫耀著。那白底青的扳指其實料色都很差。有趣的事來了，聊天中方知他不只相命還賣珠寶，他推薦我買扳指，因為扳指是權勢的象徵，可以讓男人有力（他大概不知道我已經生了四個小孩）！他說了一大堆後，我問他，有像李連英的那種扳指嗎？他一臉疑惑。

　　北京首都博物館的玉器收藏中，有個經常吸引遊客的展品——翠扳指，博物館的描述是：「海澱恩濟莊李連英墓出土，此扳指顏色翠綠，透明度極佳」。

　　另外，首都博物館還有另一個滿綠的翡翠扳指，體積比前者大一點點，高2.6公分，直徑3.2公分，這是在北京密雲縣董各庄清皇子墓出土的。這兩個翡

（上）清皇子墓出土翠扳指
（下）李連英的滿綠扳指

隨伺慈禧左右的李連英

翠扳指都是滿清權貴人士所擁有。1999年10月，香港佳士得一個全綠的扳指成交價是港幣一千八百五十萬元。

李連英是慈禧太后身旁的第一大紅人。他年幼時淨身入宮，據說他的梳頭功夫第一流，深得慈禧太后欣賞，李連英原名李英泰，後改為李進喜，慈禧太后又賜名連英，（一般民間稱他為李蓮英，是以訛傳訛的結果，連博物館也跟著錯）。若不是李連英已經閹割，那慈禧和李連英還真是一對相配的老伴。李連英身為總管，為慈禧張羅大小事不在話下，晚年時的慈禧太后還經常拉著李連英談天解悶，一聊就是到深夜。以慈禧的強悍精明，想要獲取她的信任，是何等困難。慈禧有多麼寵愛他？根據清朝規定，宦官最高官職只能到四品官，但慈禧破格任命李連英為正二品總管太監。

清末政局中，慈禧太后和光緒皇帝兩人是形同陌路，

不過，光緒帝對李連英倒是沒什麼排斥，連清宮內的宮女等卑微人士都稱讚李連英，由此可見李連英謹小慎微的處世能力，絕非周星馳的電影《九品芝麻官》裡的李公公。而且李連英撈錢的功夫第一流，有許多傳說指出，連李鴻章和袁世凱等人，都必須要孝敬李連英，甚至李連英還賣官鬻爵，這從他墳墓出土的寶貝或許可看出一二。

李連英雖是一名太監，但是他的棺木四個角落有四顆乒乓球大小的鎮棺珠，此外還有罕見鑲有十多克拉大鑽石的帽子和大鑽戒，總計李連英的棺木內就有五十多樣寶貝。其中在他腰部發現一個翡翠滿綠扳指，其質地之精美，一點也不遜於乾隆皇子的寶貝。

在北京密雲縣不老屯鎮楊各庄村有座大墓區，被稱為王爺墳，乾隆皇帝長子安定親王永璜和三子循郡王永璋、五子榮純親王永琪都葬於此，永琪就是電視劇中還珠格格的五阿哥，榮純親王是乾隆皇子中最認真上學讀書的一位，有一年圓明園失火，他還背著乾隆逃難，因此，乾隆皇帝有意立他為皇儲，不過，他因病早逝，得年僅二十五；首都博物館另一個滿綠的翠扳指，就是來自王爺墳。

「所以我說，有個扳指會對你助運！」那位初識的相士朋友晃著他的大拇指說。我答道：「死無葬身之地，好像不好吧！」我邊說邊把我的手指關節弄得喀滋喀滋響。

1957年中共要蓋水庫，一下子就把皇子墓推平了，五阿哥和他的弟兄們，早不知被水庫中的大水沖到哪兒去了。而李連英的寶貝也不是考古隊細心發掘出來的，1966年文化大革命興起，當時有趙廣智等六位年輕人被要求限期砸了李連英的墓，因為要破四舊，結果撬開棺槨拿出了陪葬寶貝，也赫然發現李連英的屍體只剩頭顱，身軀是假的，根本屍骨無存，因此也傳出李連英生前就死於非命的說法。

砸墓後的第二天，李連英的頭顱被附近小學的學生當成球踢，之後是趙廣智偷偷從廁所撈起頭顱，找了個角落把它埋了，但如今物換星移，沒人知道確切下落。

這說法為何可信？領頭去撬開李連英墓的趙廣智仍然健在，當年他是一位老師！他被迫去毀人祖墳的事一直讓他內疚不已，趙廣智曾經在電視上受訪時向李連英在天之靈致歉！現在李連英的翡翠扳指還看得到，真珠和鑽石早不知去向！

說完，我喝了口咖啡，邊晃著我的光溜溜的大拇指邊看著那位相士仁兄的扳指，奇怪了，他開始坐立不安，臉色也不太好看耶。

卷二

透過前人的眼睛及筆觸重現其所見、其所思，墨痕、畫跡是珍貴史料，也具極高的藝術價值，而輾轉的收藏過程又是另一段故事了⋯

都是坐在方榻上，
而非椅子上！

——摘自戴忠仁〈請上床〉

書畫・古籍卷

〈重屏會棋圖〉，

是五代十國時期周文矩的作品，

他描繪的是南唐的兩位親王正在下棋，

而南唐的中主李景和另一位弟弟在旁觀戰，

畫中人物相貌動作逼真，

不過最讓我感興趣的是，

包括皇帝在內的四位皇室貴族，

「活」了九百年的清明上河圖

　　若是您曾經去參觀過上海世博會，一定對「生動」會有深刻體認，因為〈清明上河圖〉在眾人面前「動」了起來！那是十二部頂級投影機聯合投射出的3D〈清明上河圖〉，不但人物會動，甚至逼真到連飲酒猜拳聲和院子的青蛙聲都聽得到。這128公尺長、6.5公尺高的〈清明上河圖〉動畫被譽為世博中國館的鎮館之寶，但少人知道，〈清明上河圖〉的真跡一度被視為贗品，而被扔在倉庫中。

　　原版的〈清明上河圖〉是北宋畫家張擇端所繪，目前

北京故宮博物院藏，張擇端〈清明上河圖〉，上方為局部，下方為原本全圖。

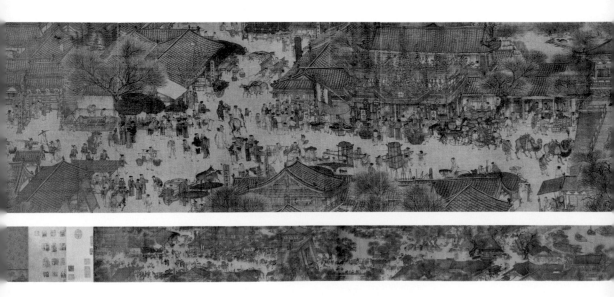

收藏在北京故宮博物院，張擇端所畫的是當時世界第一大城市——汴京（北宋的首都）清明時節熱鬧的景像，以及汴河的優美風光。繪畫內容之精細讓人目瞪口呆，充分顯現寫實主義的風格，在近一千年前的中國就相當成熟。畫中出現的人物有農人、牧羊人、養豬戶、搬運工、攤販、演員、乞丐、僧侶、算命仙、醫生、客棧老闆、木匠、鐵工、石匠、老師、讀書人、磨坊老闆、各行各業的人都有，畫面上出現的商家行業有稅捐處、賣酒的、賣軍火的、賣廚具的、賣二手商品的、賣樂器的、賣金飾的、賣布的、賣藥的、賣畫的、農產品市場，以及餐廳、茶館，樣樣都有。

張擇端筆下的〈清明上河圖〉到底有多少人，眾說紛紜，上海世博版共有六百九十一人，據說比張擇端畫的多些，有趣的是上海世博的〈清明上河圖〉有白天和黑夜的場景動畫，白天六百九十一人活動，晚上則有三百七十七人，這當然是高科技的運用，不過當年張擇端在作畫時居然眼睛沒脫窗也真是了得，因為他除了畫人、還畫了六十

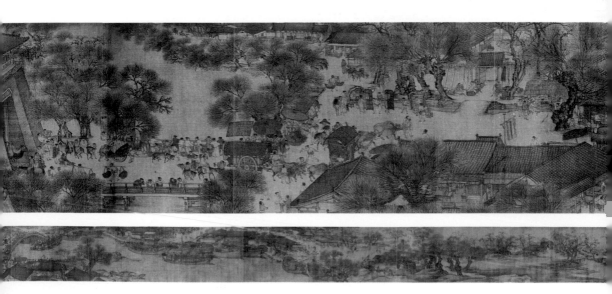

多頭牲畜、二十八艘船隻、三十多棟各式建築物、二十輛
車子、八頂轎子、一百七十多棵樹……。

　　張擇端雖然在北宋翰林書畫院上班，不過他在此之
前曾落魄於民間討生活，〈清明上河圖〉正是他失意時的
「寫生」作品，諷刺的是，〈清明上河圖〉的第一任收藏
家宋徽宗不久也落魄了、因為汴京被金人的鐵騎踏破，
〈清明上河圖〉自此演出苦兒流浪記。

　　蒙古人的元朝澈底把宋朝消滅後，據說接收了包括
〈清明上河圖〉在內的許多珍寶，不過，蒙古人並未看中
這幅畫，反倒是有一位為宮廷裝裱的工匠，在庫房中發現
了〈清明上河圖〉，他掉包高價出售，之後〈清明上河
圖〉輾轉被多人收藏，其中有些收藏過程戲劇性十足。

　　明朝李日華在《味水軒日記》曾經寫過一段「枕中
密」的記錄，當時兵部尚書陸完遭陷貶職發配福建死於異
鄉，他的太太王氏把陸完最心愛的〈清明上河圖〉縫在繡
花枕頭裡藏了起來，王氏的姪子王振齋，說服王氏讓他
欣賞〈清明上河圖〉，擅長畫畫的王振齋是一位記憶超強
的人，在他看過〈清明上河圖〉十來次後，居然能憑著記
憶畫出仿品！而且還賣給了都御史王忬，他又獻給當時掌
權的大臣嚴嵩，當嚴嵩因此大擺宴席慶賀時，不料有人指
出這是一幅假畫，使本想逢迎巴結的王忬招來殺身之禍，
有日本學者認為，嚴嵩後來權錢並用，花了一千兩百金，
從王氏手中購得真品，被認為是一大奸臣的嚴嵩垮臺後，
〈清明上河圖〉第三次成為宮廷的收藏。

台北故宮博物院藏，清明上河圖仿本〈清院本清明上河圖〉，上二為局部。

〈清明上河圖〉的流向也透顯出明朝是一個宦官干政極為嚴重的時代，因為1578年明朝太監馮保，居然在〈清明上河圖〉上題跋，顯然他已經成為這幅畫的新主人，宮廷的名畫會有皇帝與太監的題跋並存，還真是少見。

兩百年後的乾隆三十一年進士陸費墀，他臨終時將〈清明上河圖〉交給了湖廣總都畢沅，1797年畢家遭到抄家的命運，財產全數充公，〈清明上河圖〉也因此第四度進入宮中，得以藏於紫禁城。

末代皇帝溥儀以賞賜的名義，將〈清明上河圖〉在內的一批書畫交給弟弟溥傑帶出皇宮，1932年偽滿洲國成立，溥儀又把〈清明上河圖〉帶到了長春，當溥儀皇帝夢碎準備逃亡日本，途中被蘇聯軍隊攔阻，隨身行李中有一批書畫，其中就有三幅〈清明上河圖〉，溥儀也不知哪幅為真！這些文物後來進到東北博物館（今遼寧省博物館）。

1952年，文物專家楊仁愷到東北文化部工作，他發現當

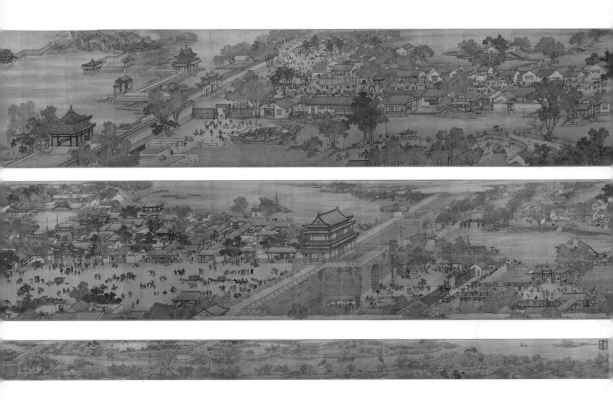

時工作人員，將明朝仇英畫的〈清明上河圖〉當成真品，
把張擇端的作品當成贗品放置一旁。關鍵之一在於畫中的
橋，「當時開封的橋是木頭橋而不是石頭橋……，而其餘
那兩張做造的是蘇州場景的〈清明上河圖〉。」楊仁愷的
發現可謂歷史性的觀察。

歷代以來〈清明上河圖〉有很多摹本，台灣的民眾最
有福，因為台北故宮博物院就藏有八種版本，其中以〈清
院本清明上河圖〉最為著名，這是清朝陳枚、孫祜、金
昆、戴洪、程志道五位畫家，集各家所長，加上明清時代
的特殊風俗背景所完成，畫中人物更是多達四千多人。

除了人怕出名豬怕肥外，畫作亦復如此。就在我寫
這篇短文準備收尾時，中國大陸的《廣州日報》出現了一
則報導，一位自稱北宋大臣後代的梁先生，向記者出示一
幅長卷，宣稱那才是〈清明上河圖〉的真跡，看了這則新
聞，我只有一個想法——麥擱來亂啦！

2 被火紋身的〈富春山居圖〉

　　在一次的中國北京人大會議時，當時的大陸總理溫家寶說：「我希望兩幅畫什麼時候能合成一幅畫；畫是如此，人何以堪？」此後鳳凰衛視的負責人劉長樂積極奔走，終於大陸方面同意讓另一半在大陸的〈富春山居圖〉送到台北展覽。當時陳文茜、趙少康都在記者會中讚譽，故宮這次的展覽為文化盛事，他們對這幅畫的評論為何我不清楚，我向來拙於對書畫的研究，而〈富春山居圖〉的戲劇化傳奇歷史，是吸引我的主要因素。首先，這幅畫現今後人得以觀之，是因為有個不孝子！

　　這幅元朝畫家黃公望的代表作，在明末清初時被收藏家吳洪裕取得，臨死前他竟要求焚畫殉葬，火光中吳洪裕的姪子吳靜庵心念一轉，決定忤逆上意，搶救此畫，但畫

黃公望
富春山居圖・無用師卷

黃公望
富春山居圖・剩山圖

仍被燒成兩段，前段較小後稱〈剩山圖〉（今浙江博物館藏）；後段較長稱〈無用師卷〉（台北故宮博物院藏）。

　　另外這幅畫透露出保持頭腦年輕是重要的，而且是可以做到的，因為黃公望他作畫時已經七十九高齡，這是一幅巨作，單是現存的無用師卷就橫長639.9公分，原始尺寸當然更是驚人，而且他花了三、四年才畫完；換言之，當時他已超過八十高齡了，可是圖畫景緻透顯他的記憶力驚人，濃淡乾濕的墨色並用可見他的創意。黃公望是元朝人，明朝一位大畫家董其昌看了這幅畫就說：「吾師乎！吾師乎！一丘五岳，都具是矣！」可見黃公望腦袋瓜之靈光，若是現在他必定是雞精產品的最佳代言人！

　　曾經抨擊國民黨特權不遺餘力的李敖，去浙江博物館參觀時，館方將〈富春山居圖〉從恆溫恆濕的真空櫃中取出，讓李敖近距離觀看，真是讓人羨慕的特權。李敖欣賞的是〈剩山圖〉，是當年被焚燒後較小但較完整的部分。〈剩山圖〉曾經失蹤多年，民國27年，上海古董店汲古閣老闆曹友卿，拿了一幅畫請畫家吳湖帆鑑賞，吳慧眼識名畫，並且以青銅器交換後，才納入〈剩山圖〉為收藏，並且兩人又從原物主家中字紙簍中找出被丟掉的題跋。民國45年（1956），當時文人活動依舊進行著，經過沙孟海的斡旋，吳湖帆將〈剩山圖〉賣給了浙江博物館，也就是後來到台灣參展的這幅寶貝。

　　唐伯虎的老師沈周，曾經是〈富春山居圖〉的主人，有天他將畫交給友人題跋，沒想到被對方家人偷偷給賣掉了，沈周也是記憶超人，他居然憑印象也畫出另一幅〈富春山居圖〉，而真跡又輾轉流到董其昌手中，當年愛不釋

黃公望　富春山居圖・無用師卷（局部）

手的董其昌後來把〈富春山居圖〉賣給了吳洪裕的爺爺，
種下了名畫被火紋身的遠因。

　　百年名畫當然是乾隆皇帝重視的，惡習不改的乾隆在
畫卷空白處題寫評語五十五處，還蓋了一大堆印鑑，不過
到了1746年，又有一幅〈富春山居圖〉真品入宮，乾隆認
為是贋品，但畫得太好，所以沒丟棄，沒想到抗戰期間這
兩幅畫運到上海避禍時，被徐邦達發現是乾隆看走眼了，
原來後者才是真品！這大概是歷史上極少數沒被乾隆皇帝
印件蹂躪過的書畫寶貝。至於贋品被稱為〈子明卷〉，與
〈無用師卷〉的真品通通又因國共內戰而運到了今天的台
北故宮。

　　富春山居圖分離數百年後，2011年終於在台北外雙溪團
聚，富春山居圖在2013年也登上大螢幕，成為虛構的搶寶現
代動作片，投資者正是鳳凰衛視的負責人劉長樂。

3

CSI在故宮

把電視影集CSI的演員找來剪綵，是我當故宮院長會做的事！

你覺得我「發轟」了？2010年10月中我偷得半日閒，專程去故宮參觀「文藝紹興──南宋藝術與文化特展」，不知是否湊巧，特展的區域人煙稀少，因此雖然參觀的品質可以維持，不過，這些古人的心血實在不應被如此冷淡對待。

幾年前美國收視率創新高的電視影集CSI 犯罪現場：Las Vegas（CSI Las Vegas），劇中當紅男主角葛瑞森（他已經辭演了）就在戲裡說過，法醫與刑事鑑定的學理源起於中國古代的宋慈。而宋慈正是南宋人，他的著作《洗冤錄》就是這次特展的展品之一。如果我是故宮院長，首先我會與AXN頻道聯合邀請CSI影集成員，以及台灣法醫界傳奇人物楊日松博士出席開幕儀式！然後活動前一個月每天在AXN預告，並且開放的觀眾以簡訊方式參與抽獎，抽出一百位觀眾一起參與開幕式，參觀南宋特展之餘，這些幸運兒可以和CSI演員拍照，同時每週從參觀的觀眾中再抽出十位贈送《洗冤錄》港劇DVD兩大套。

每天有好多人在螢光幕前守著邁阿密的何瑞修或紐約的泰勒，但有多少台灣的民眾知道，中國有最悠久的法醫

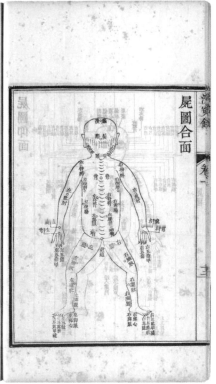
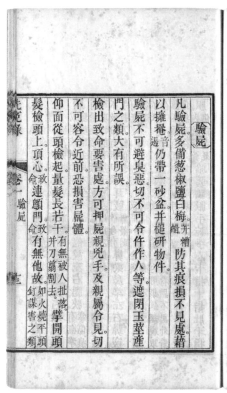

宋慈　洗冤錄　南宋

制度，宋慈的《洗冤錄》就是世界最早的法醫專書？比歐
洲人早了三百多年！

　　想想看，故宮展示櫃除了有泛黃的典籍，現場還有90
吋觸控螢幕，民眾可以翻閱宋慈所畫的人體解剖圖，可以
查看宋慈筆下紀錄，人在生前溺水與死後才被推下水的屍
體特徵有何差異，或刑案現場勘驗要點或人們中毒急救措
施（沒錯，這些當年宋慈就已經完成科學性及組織性的整
理！）。宋慈他是一位司法官，歷史記載在他鍥而不捨、
勿枉勿縱的公務生涯中，曾在一年內調查兩百件刑案，為
許多人平反申冤，也嚴懲不少作惡權貴或盜匪。

　　李昌鈺博士主講的「第一的CSI」當然是少不了的活動
之一，這些活動的目的就是要讓故宮接近民眾，避免《洗
冤錄》等智慧結晶的典籍，擺在玻璃櫃內著涼。

如果我是故宮院長，我還會在社群網站「臉書」（Facebook）上，設立一個專屬特展的「數字搜查線」專區，每天出兩題數學題，歡迎天下英雄來破解，題目來源之一是這次故宮特展展品之一的《楊輝算法》，另外公開徵求全世界的高手出數學題。當然也歡迎所有的人來解題，最後兩組破題成功者，抽出十人致贈《楊輝算法》的現代複印板，這活動的預告除了網路外還會在AXN的節目「數字搜查線」播出。

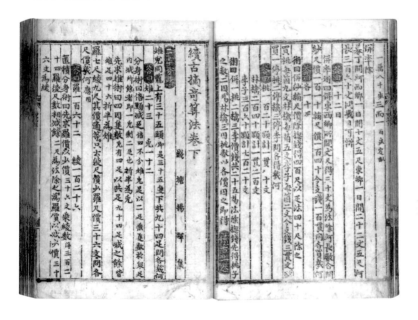

楊輝三角（古法七乘方圖）

　　南宋時代的楊輝，不僅是一位當官的公務員，而且還是一位致力數學教育的工作者，因為他的努力著錄，我們看到中國人從10世紀就已經出現的高次開方計算，因為楊輝的研究，加快了加減乘除的運算速度，這對後人的生活產生無法估量的影響。1642年法國數學家巴斯卡發明了能進行六位數加減法運算的機器，這應該是人類最早的電腦，而巴斯卡所發現的著名「巴斯卡三角」運算，則比「楊輝三角」（古法七乘方圖）要晚了三百年以上。

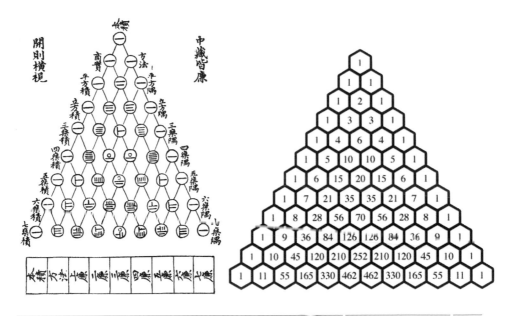

巴斯卡三角

這三角形有啥了不起？還記得學過（a＋b）2＝
a2+2ab+b2吧，看看下面的圖，不就是楊輝三角的展開式嗎？

$(a+b)^0 = 1 \qquad 1$

$(a+b)^1 = a+b \qquad 1\ 1$

$(a+b)^2 = a2+2ab+b2 \qquad 1\ 2\ 1$

$(a+b)^3 = a3+3a2b+3ab2+b3 \qquad 1\ 3\ 3\ 1$

$(a+b)^4 = a4+4a3b+6a2b2+4ab3+b4 \qquad 1\ 4\ 6\ 4\ 1$

$(a+b)^5 = a5+5a4b+10a3b2+10a2b3+5ab4+b5 \qquad 1\ 5\ 10\ 10\ 5\ 1$

$(a+b)^6 = a6+6a5b+15a4b2+20a3b3+15a2b4+6ab5+b6 \qquad 1\ 6\ 15\ 20\ 15\ 6\ 1$

　　當然曾經參加奧林匹克數學競賽的台灣學子們，都是
這次特展的代言人。

　　如果我是故宮院長，我還會請洪偉明率領凱渥名模
群，臉上都貼著珠鈿出席開幕儀式，因為南宋的皇后貴婦
就是這副打扮。

　　故宮可以不是冰冷的深宅大院，不是嗎？

4
皇帝與刺青客

　　到底岳飛背上刺的是「精忠報國」還是「盡忠報國」？
我也不想為難我的老師了。不過，岳飛的老媽可真的把
他兒子刺得名留青史，台北故宮2010年10月起所辦的「文
藝紹興——南宋藝術與文化特展」展品中，有一件是宋高
宗寫給岳飛的信，如果有專研筆跡的心理學專家，或許可
從信中字裡行間察覺，當年岳飛缺乏伴君如伴虎的警覺。

　　故宮陳列的是〈賜岳飛手敕〉，全文如下：「卿盛
秋之際。提兵按邊。風霜已寒。征馭良苦。如是別有事。
宜可密奏來。朝廷以淮西軍叛之後。每加過慮。長江上流
一帶。緩急之際。全藉卿軍照管。可更戒（惑）飭所留
軍馬。訓練整齊。常若寇至。蘄陽江州兩處。水軍亦宜遣
發。以防意外。如卿體國。豈待多言。付岳飛。」

　　故宮將它列展，我相信是基於宋高宗的書法造詣，
歷史上宋高宗和他老爸宋徽宗都是舞文弄墨，才華橫溢的
皇帝，〈賜岳飛手敕〉是行書體，頗有黃庭堅風格（專家
說的，我沒那鑑別的涵養）。信中可看得出來，當時局
勢吃緊，高宗憂心之際，也完全授權岳飛當機立斷，「如
卿體國。豈待多言」翻成白話文就是：「像你這樣明白我
心意並全力以赴的好兄弟，我不多嘮叨了，你就放手去做
吧。」碰到這樣的君王信任，自是難得，問題是岳飛把皇

宋　高宗坐像
本幅畫高宗頭戴烏紗展腳幞
頭，身著朱紅袍服。此像在
保存過程中，曾經遭受嚴重
傷損，清代重加裝池時，將
原本破損的背景移除，易以
另絹，並用色粉調墨罩染，
雖然色澤參差不勻，所幸實
景部分猶能看出原畫大致的
面貌。

帝的話當真了。

　　中國學生都從歷史課本習得岳飛精忠報國的情操，但老師沒告訴學生，岳飛曾與皇帝意見不一後，耍帥地丟了句「我不幹了！」就逕自回鄉的事情，雖然後來宋高宗好說歹說，又把岳飛找來重掌兵符，但你認為宋高宗不會在乎岳飛拿翹？

　　提醒您，故宮辦的是南宋大展，而北宋怎麼了？北宋那很會畫畫的徽宗，罩不住局勢，傳位給欽宗（當時他還不想接皇帝這燙手山芋的位子呢！），宋欽宗改元號靖康，結果靖康二年，女真攻進宋朝首都汴京，把宋徽宗和宋欽宗（宋高宗的哥哥）等六千多人的皇家成員都綁架到北方，這是中國歷史上有名的「靖康之難」，岳飛的〈滿江紅〉中「靖康恥！猶未雪；臣子恨，何時滅？」講的就是這件事。而岳飛的老闆宋高宗（他是宋徽宗第九個兒子）跑到臨安（今杭州）成為南宋的第一任君主。在南宋初期，岳飛和其他名將相比，還是菜鳥，所以高宗的任用，是岳飛鋒芒畢露的關鍵。岳家軍還真是常勝軍，八千里路雲和月的征戰，打得金兵膽寒。「直抵黃龍府，與諸君痛飲爾！」這是岳飛鼓勵他的將士所發的豪語，黃龍府是指當時南宋敵人金國的總部所在。

　　抵禦外侮，保住南宋是一回事，直搗黃龍，迎回徽欽兩帝，事情就大條了！那宋高宗這董事長兼CEO還幹不幹？如果岳飛是中國最有名的刺青客，那秦檜就是最出名的替死鬼，您覺得這奸臣察言觀色，看的是誰的眼色？岳飛被連下十二道金牌召回，審訊後給了他一杯毒酒，讓他自盡，你可知那天是農曆除夕！此外，岳飛的兒子和岳飛的左右手，同一天也都人頭落地。除了皇帝，誰能如此下令對頭號戰將斬草除根？岳飛如果上過我的課，就會學到

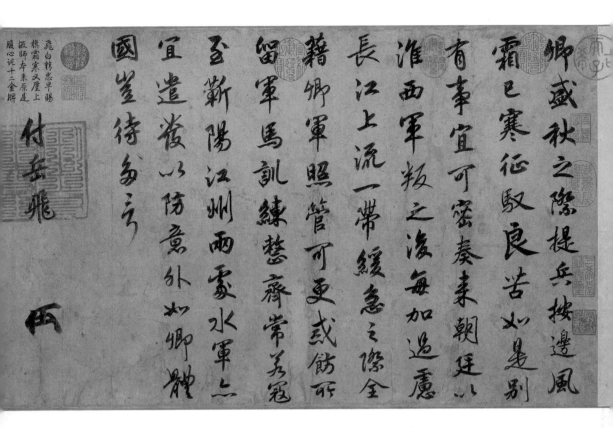

卿盛秋之際提兵按邊風
霜已寒征馭良苦如是別
有事宜可密奏來朝廷以
淮西軍叛之後每加過慮
長江上流一帶緩急之際全
藉卿軍照管可更戎飭所
留軍馬凱練整齊常若冠
至蘄陽江州兩處水軍之
宜遣發以防意外如卿體
國豈待多言

付岳飛

飛白精忠早賜
棋霜寒又壓上
流師本素原是
腹心說十二金牌

再熟的老闆還是老闆。

　　台北故宮藏有幾幅宋高宗的傑出書法作品。雖然宋高
宗寫「賜岳飛手敕」時採黃庭堅風格，但後來宋高宗開始
師法米芾，因為當時情報指出，有擅長黃庭堅書法的臥底
間諜，已滲透到南宋領域伺機而動，為避免出現假皇帝詔
書，宋高宗的書法才捨黃取米，看來在宋朝當007都有要有
幾把刷子才行。

宋　高宗　賜岳飛手敕
紹興七年（1137）秋天，岳飛率軍到防區邊界巡視，高宗以此御札回覆其報，嘉勉其恭忠體
國。此札楷書帶行體，點畫講究、姿態優美，雖然是在軍事急迫中對屬下的敕書，行氣首尾
一貫，顯現出他的書法造詣。

5 中國版法櫃奇兵

　　1936年，兩位美國情報人員找上一位教授，希望請他出馬搶先納粹取得裝有「十誡」的約櫃，以免納粹藉著約櫃的法力建立無敵軍隊，於是乎印第安那・瓊斯教授展開了與納粹鬥智與鬥力的周旋，這就是電影《法櫃奇兵》的情節，哈里遜・福特靠著這純屬虛構的劇情，在當年創下了四億一千萬美元的票房紀錄；其後「印第安那・瓊斯」系列演了二十年，哈里遜・福特和導演史蒂芬・史匹柏真是削翻了。然而，影迷們恐怕不知道真正的東方版法櫃奇兵，在大陸和台灣真實發生過，而且引起國際搶寶的，是九百年前的一位喑啞女性。

●時間：1933年。
●地點：中國山西省廣勝寺。
●出場人士：中國僧侶、日本僧侶、農民、學者、政客、古董商、收藏家、軍閥、國民黨軍、八路軍、日本皇軍……。

　　那一年，一位誓言要蒐集佛教古籍的範成大和尚，來到山西省廣勝寺，這是一座建於東漢的寺廟，元朝時曾毀於地震後重建，範成在古柏蒼翠的環境中翻閱該寺所藏

大般若波羅蜜多經卷第五百七十二

大三藏法師玄奘奉 詔譯

第六分顯德品第十一

尒時曼殊室利菩薩摩訶薩從座而
起頂礼佛足偏覆左肩右膝著地合
掌恭敬白言世尊諸菩薩摩訶薩經
幾劫數行深般若波羅蜜多供養奉
佛而能對揚如來所說甚深般若波
羅蜜多如寔勝天王者佛告曼殊室
利菩薩摩訶薩言善男子如此之事
不可思議若非無量百千大劫修集
衆行種諸善根則不得聞甚深般若
波羅蜜多切德名字善男子十方各
如殑伽沙界其中所有諸殑伽沙尚
可知數是菩薩摩訶薩行深般若波

《大般若波羅蜜多經》金皇統至大定間解州天寧寺刊大藏經卷子本，現藏於國家圖書館中。

佛書時，發現一些從來不曾見過的佛經，消息傳開就成為宗教界與文化界重視的訊息，1934年一個叫蔣唯心的研究者揭開了謎底，也引發了風暴；蔣唯心的考證指出，這批佛經是在金代所刻印的《大藏經》。《大藏經》最早在宋太祖初年刻印，稱之為「開寶藏」，《大藏經》可謂佛教之百科全書，經典涉及哲學、歷史、文學、藝術、天文、曆算、醫藥、建築等領域，但「開寶藏」早已散失不見蹤影。蔣唯心閱讀的版本是金代復刻本，因為發現的地方在趙城的廣勝寺，所以一般命名該部經書為「趙城金藏」。這部經典是一部曠世著作，也是中國印刷史上的傑出作品。北京的中國國家圖書館有四大鎮館之寶，分別是《永樂大典》、《四庫全書》、《敦煌遺書》，另一個就是《趙城金藏》。

話說金代熙宗年間，山西一戶崔姓人家有個女兒叫法珍，據說她從小是個啞巴，但後來被一名僧侶把病治好了，於是她許願要為佛教做善事，並開始四處集資、雕刻經書，前後花了三十多年完成這一部佛教《大藏經》的刻印；然而，這本在當年就已經引起轟動的經典，後來卻突然杳無音訊，很難想像一部有六千萬字的《大藏經》可以被遺忘在千年古剎中。六千萬字象徵著佛學浩瀚，卻也引來覬覦。

當年蔣唯心在廣勝寺進行研究時，就從附近村民花錢買回一些散失的經典，這說明這部經典很早就逐漸流離失所，寶典曝光後，北京的古董商有人開始設法找尋管道買到《趙城金藏》的經卷，當年北平圖書館善本部，就從私人手中收購了一百九十一卷經典，而出錢利誘的不只是古董商，更敢砸錢的是日本僧侶。

當時日本佛學界正進行《大正藏》的編輯，想藉此奠定對佛學的研究地位，不過他們被《趙城金藏》的發現

所撼動。日方佛教界派人來到廣勝寺，表示願出二十二萬銀元購買，但沒成功。據說廣勝寺住持為此開始「護經行動」，他們把五千餘卷經卷遷移到山頂上的琉璃飛虹塔，並用磚石固封。

古人說秀才遇見兵，有理說不清，當兵遇見和尚時又有不同發展了。1937年9月，蔣介石所指揮的政府軍14軍軍長李默庵前往廣勝寺，準備把《趙城金藏》運往西安，住持力空和尚極力排斥。1938年2月，山西的軍閥地頭蛇閻錫山又派手下一位師長來到廣勝寺，告訴力空和尚要將《趙城金藏》轉移到山區；不知利空和尚念了什麼經，反正《趙城金藏》原地未動。1942年，侵華的日本軍方已經控制廣勝寺附近，日軍代表說他們要在農曆3月18日廟會時登臨琉璃飛虹塔鳥瞰廟會盛景，力空和尚深知他們是為《趙城金藏》而來，也不知真正原因為何，當力空和尚對外求援時，八路軍介入了，共軍民兵游擊隊，經四個多小時的搶運，將五千卷藏經全部轉移出寺廟，這些經卷被藏在山洞、廢煤窯內。日軍撲空後當然忿怒，共產黨則很得意這段過程，2011年6月下旬，大陸有家電視台還將這段八路軍護寶的故事搬上螢光幕，成為八點檔連續劇。

1949年《趙城金藏》被移交當時的北平圖書館（今北京圖書館）收藏。躲過日軍魔掌的九大包《趙城金藏》運抵北平時，專家看到的其實是一堆「破爛」！多數經卷潮爛斷缺，黏成塊狀，將近一半已經不能打開。中共當局找來四位有經驗的裝裱老師傅幫助修復，歷時近十七年，才在1965年修復完畢。2008年北京圖書館出版社複製出版了《趙城金藏》，較完整的《趙城金藏》才與世人見面。

《趙城金藏》的顛沛流離超出我們想像，1983年大陸山西還有老農捐獻兩卷《趙城金藏》給當局，問他在哪發現的，他竟說路邊撿到！當年範成和尚發現寶藏的翻版幾年

前在台灣也上演過。

2002年，台大歷史系的教授周伯戡，偶然發現台北的國家圖書館的善本書目中有「金皇統至大定間解州天寧寺刊大藏經」，周教授將之與中華《大藏經》對照後，赫然發現在台灣的這三件佛經就是《趙城金藏》的其中一部分，周教授這重大的發現曾發表於期刊中。

依據周教授的研究，台灣國家圖書館所擁有的這三本佛經，是從張繼的後人手中買到，而張繼可謂中國國民黨的黨國元老，他甚至是同盟會的創會元老，曾經擔任過國史館的館長，對經文碑帖研究甚深，至於這三本精美佛經是他自何時何處蒐藏已不得而知。1962年，國家圖書館買進了這三本價值連城的佛教古籍，想想看，一本八百五十八年前出版的古籍在台灣的圖書館架子上躺了將近半世紀才被發現，真是一段奇妙的因緣。

6

乾隆的水餃到溥儀的苦瓜

　　這些年我發現自己挺守舊的，無論五星級飯店的廣告如何大力吹捧，我午夜飯一定都在家裡吃，媽媽幾年前過去了，小孩又都在國外，即使我隻身一人，還是堅持在家吃年夜飯，而今年（2012）因主持電視節目，才發現我和乾隆皇帝一樣，都是在過年時的半夜吃水餃。不過，我吃的水餃比皇帝豐富，因為清朝皇帝只能吃素餃。

　　滿人入關前，生活在東北和大漠一帶，食品主要以肉類和奶類為主，麵粉之類的食物顯得很珍貴。每到過年前，滿族人就會包好許多餃子貯存在大缸裡冷凍，從除夕夜開始吃餃子，連續十幾天不間斷，表示年年有餘的意思。清代宮廷過年，皇帝及後宮一定要吃餃子，以示不忘本。不過，清朝皇帝從除夕子時起便要進行一連串的祭拜儀式，所以等吃到餃子時已經是正月初一凌晨三點。

　　皇帝吃餃子的地方，一定是在乾清宮左側昭仁殿的東小屋，御膳房的廚師們對煮餃子的時間，掌握得十分準確，他們靠的不是勞力士而是鞭炮聲。原來清宮過年有個習俗，從臘月底至正月間，皇帝在宮裡每過一個門檻，隨侍的太監就要放一掛鞭炮。御廚們聽著鞭炮聲遠近掌握下餃子的時間，等皇帝到昭仁殿的東小屋坐穩後，餃子正好熱騰騰出鍋。乾隆皇帝吃的餃子和敬佛用的餃子要同一鍋

煮出來，由於佛祖不沾葷，所以乾隆皇帝只能吃素餃子。

　　我過年和乾隆一樣不打麻將，我喜歡看HBO，乾隆則喜歡看溜冰。今日北京北海漪漾堂，就是乾隆皇帝和後來的慈禧太后觀賞滑冰表演的地方。按清代規定，每年冬至後，皇帝就到瀛台等地方看滑冰，而這種冰嬉甚至被乾隆皇帝認為是重要的「國俗」，就其原因是源自於軍事上的功能考量。

　　冰嬉類似冰上閱兵，規模最盛大時有一千六百名冰上高手同時表演，極其熱鬧壯觀，北京故宮博物院現藏的〈冰嬉圖〉詳實記錄了當年的盛況。過去清人統稱冰嬉為「跑冰」，每年12月當河冰結得很厚實時，表演的士兵分為兩翼，每翼頭目十二名穿紅黃馬褂，其餘的人穿紅黃齊肩褂，射球兵丁一百六十名，幼童四十名，也都穿馬褂，背插小旗，按八旗各色依次上陣表演滑冰，有金雞獨立、蜻蜓點水、紫燕穿波、鳳凰展翅、哪吒探海、雙燕飛、朝天蹬等項目。有的士兵則進行冰上射箭，每個人在快速滑冰行進間對目標拉弓射三箭，三箭都命中目標為上等，三箭二中者為乙等，三箭一中者為三等，皇帝還會分別賞賜銀兩。這在當年是為了讓軍隊能在天寒地凍的環境中，保持高度移動力和戰鬥力，後來表演娛樂性質就濃厚了。有一次我從鳳凰衛視看到一則類似往昔台灣軍方春節加強戒備的報導，介紹中國大陸瀋陽軍區的軍隊在進行冰上滑行射擊，基本的運作型態和清朝的操演差不多。

　　乾隆年間製作的〈冰嬉圖〉是難得一見的作品，這幅畫因為不易保存，所以不但公開展出的次數少，而且展出時間也短。連我都是因為主持「國寶檔案」節目時才得以目睹此畫。〈冰嬉圖〉是由清朝宮廷畫家金昆、程志道、福隆安等人合力完成。其中金昆曾在乾隆十一年奉命繪畫〈大閱圖〉時，將八旗的位置畫錯了，結果乾隆一怒

清代由金昆、程志道、福隆安等人合繪的〈冰嬉圖〉局部，現藏於北京故宮。

下令將金昆和他的上司都停止發放俸祿，最後在有人說情之下，金昆才保住飯碗，不過，還是被扣薪一半，有人評論，和明朝的宮廷畫家比較，金昆沒丟掉腦袋已經是祖上有德了。由此例可以想見〈冰嬉圖〉是一幅嚴謹而珍貴的史料。〈冰嬉圖〉上可看到過年期間的乾隆坐在特製的冰床（大型的雪車）上，由太監牽引拖拉，近距離地欣賞冰上活動，據說冰床內的龍椅寶座有煤炭取暖，有如坐在炕席一般舒服。

　　同樣是皇帝，過年的景況可就天差地遠了。1962年的農曆春節，毛澤東宴請末代皇帝溥儀吃飯，還找來章士釗、程潛、仇鰲和王孝范四位名流作陪。他們喝著葡萄酒，毛澤東夾青椒炒苦瓜請溥儀吃，辣得溥儀一臉汗珠，口裡還直說味道「不錯，不錯」。溥儀後來丟三落四地下筆寫道：「我們（與）我們偉大領袖毛主席一同吃飯、照相，這是我永遠不能忘記的最光榮和幸福的日子，給我給（以）極大的鼓舞力量。」你覺得那餐年夜飯，溥儀是吃多了辣椒還是苦瓜？

7

天外飛來一枝花

　　台灣的郵局有些像購物網站，因為什麼都賣，什麼都不奇怪，舉凡洗面乳、面膜、乳液、健康食品、保險、白米等等都有。建國一百年時，中華郵政的一項本業——賣郵票，卻讓中華郵政滿面豆花，因為中華郵政被控竄改侵權。

　　民國100年3月中華郵政宣布發行牡丹郵資票，圖案是取材自故宮的藏品，作者是清朝畫家惲壽平，結果有人向立委舉發，惲壽平的原作只有一枝牡丹，但中華郵政的郵資票上卻有兩朵牡丹，故宮當時發表聲明要求中華郵政下架，中華郵政則說，是設計公司認為原作品留白太多，避免單調才自作主張又添上一朵牡丹，這是文創？還是竄改？藍綠立委都曾質疑。這件天外飛來一枝花的消息，讓我注意到惲壽平的好（ㄏㄠˇ）「色」。

　　看看郵局出包的牡丹花和故宮其他的惲壽平作品，你會發現他在花葉上用了大量的白色，但整體看來牡丹是令人著迷的粉紅色，這種主體留白的手法，益發襯托花卉的婀娜多姿。此外，惲壽平所畫的石榴和葡萄，都會讓你有水嫩又飽滿的感覺，難怪他會被列為清初六大家之一。惲壽平的花鳥色澤繽紛，讓人愛不釋手，不過，他自己的人生路程大部分時間都是灰色的。

惲壽平出生在明朝末年的一個世家，祖輩都是當官的，滿清入關後，他和家人抄起傢伙去驅逐韃虜，那一年他才十五歲，接著真實版的八點檔劇情在他身上發生了。戰亂中他和父兄失散，惲壽平成為戰俘進了大牢，打敗明軍的滿清總督陳錦的太太想要訂做首飾，對設計圖樣就是不滿意，有人推薦坐牢的惲壽平會畫畫，於是就見著了陳太太，結果陳太太把惲壽平收為養子（可見惲壽平的聰明和英氣是外露型的），過了五、六年的優裕生活後，陳錦遭到家丁刺殺身亡，惲壽平又沒了爸爸，他依循禮俗扶櫬回陳錦的故鄉，途經杭州靈隱寺，眾僧為陳錦唸經時，惲壽平居然發現僧侶中有一位是失蹤許久的生父！（像不像連續劇？）曲折還未結束，請繼續看下去。

　　靈隱寺住持為了幫這對父子重逢，違反規律對陳錦的太太撒了瞞天大謊，說惲壽平若不出家會短命，陳太太一度反對，最後是惲壽平自己堅持不要承襲厚祿，陳太太才遺憾離去讓養子出家。這段過程後來還真的被清朝人改編成戲劇演出過！這對父子和尚後來都還俗回鄉，但苦日子也來了。

　　回家後惲壽平靠賣畫維生，但入不敷出，他自己曾寫道「九食思古人，日晡一麋粥」，也就是學習陶淵明窮到一個月只吃九頓飯的精神，每天只喝一次稀飯，可見其經濟窘況。在現今市場即使排除贗品，惲壽平的真跡也還有一定數量，這都是當年他為了生計拼命畫拼命賣的結果，看來當時他的畫作行情並不看俏。

　　惲壽平結交的畫家王時敏等文人雅士朋友，對他有很大影響，不僅是在書畫技法上的切磋，甚至在生活上也有很重大影響。惲壽平膝下無子，眾好友湊錢幫他買了幼齒的妾，還真讓半百之齡的惲壽平得了個兒子，沒想到後來這兒子竟淹死在水溝中！惲壽平的妾幾年後又生了個

惲壽平的〈牡丹〉

兒子，一場天花又奪走他兒子性命。「觸目痛心，無人生之樂」，惲壽平的喪子之痛在筆下顯露無遺。不孝有三，無後為大，顯然對他是很大的壓力，所以惲壽平繼續他的繁衍工程，兒子是有了，但惲壽平五十八歲時一病嗚呼哀哉，留下年輕的老婆和五歲的稚子，以及一堆債務，若不是朋友相挺，惲壽平真會死無葬身之地。

　　如果台北故宮要計較中華郵政「天外飛來一枝花」的竄改，而主張侵權賠償的話，中華郵政的郵差要送信送到腳軟也賠不完。2012年中國嘉德春拍推出的亮點是惲壽平的〈載鶴圖〉，估價就是近四億台幣！惲壽平的才情沒話說，只是生涯型態太苦旦了，不過還強過梵谷，因為梵谷生前只賣出過一張畫！

8

請上床

老呂最近為了和老婆在床上的事傷腦筋！他因工作晚下班，太太希望每天就寢時和他聊五分鐘家常，問題是老呂一靠上枕頭就鼾聲不斷，因此，呂太太規定他要坐在床上聊，「床是睡覺用的又不是用來聊天磕瓜子的！」老呂嘟囔著，我對他說「尊夫人有知識，床原本的用途就是用來坐的！」老呂白了我一眼，我問他：「聽過『床前明月光，疑似地上霜，舉頭望明月，低頭思故鄉』吧？李白是躺在床上或是坐在床上，才能抬頭和低頭？」這個問題顯然讓友人困惑了。其實《說文解字》對「床」的解釋，就是「安身之坐者」。

東晉時太尉（相當於國防部長）郗鑒派人去宰相王導家裡觀察王家子弟狀況，以便挑個女婿，屬下回報「唯有一郎，在東床上坦腹食，如不聞。」沒想到這我行我素的小夥子立刻被郗鑒看上，而在床上露出肚子快意吃東西的瀟灑年輕人，就是大名鼎鼎的王羲之，這個故事也就是成語「東床快婿」的由來。王羲之出身當時的豪門世家，這個故事也顯示出，一千五百年前的中國，床還是人們的重要坐具。直到唐朝，人們坐臥都還以席地為主，這種睡榻榻米的習慣，許多現代日本人及韓國人依舊保留著。受到西方少數民族的影響，「椅子」的概念傳進中國，慢慢

的，中國家具開始「長高」了，床不但變高，樣子也多了。簡單地說，有腳沒圍的榻出現，周遭有三圍的羅漢床也逐步誕生，後來床不但有圍，還有可掛帳的高架。

　　現代人很難想像的是，中國古代有很長一段期間並沒有客廳的概念，睡覺的地方就是接待賓客的地方，即使慢慢開始有屏風做為區隔，但包括皇帝在內，床榻還是用來待客的重要家具。北京故宮收藏的〈重屏會棋圖〉，是五代十國時期周文矩的作品，他描繪的是南唐的兩位親王正在下棋，而南唐的中主李景和另一位弟弟在旁觀戰，畫中人物相貌動作逼真，不過最讓我感興趣的是，包括皇帝在內的四位皇室貴族，都是坐在方榻上，而非椅子上！此外，拜狗仔隊之賜，古代權貴坐在床上看歌舞秀的鏡頭都歷歷在目。而其中的狗仔之一就是上述〈重屏會棋圖〉的作者──周文矩。

　　五代十國時期的韓熙載原來是後唐的官員，後來投奔南唐獲得重用，至李後主即位後，韓熙載為讓皇帝相信他胸無大志不具威脅，因此日日縱情聲色。在那個沒有「萊卡」鏡頭和柯達膠卷的時代，周文矩和另一位宮廷畫家顧閎中，奉命潛入韓府觀察動態，回去後兩人將所見所聞精確畫成〈韓熙載夜宴圖〉，周文矩的作品已失蹤，現存的

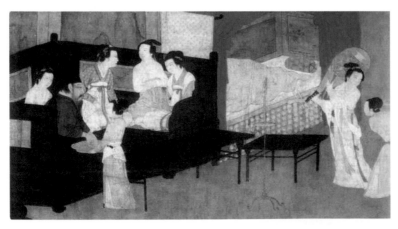

〈韓熙載夜宴圖〉局部，韓熙載坐在羅漢床上洗手聊天。

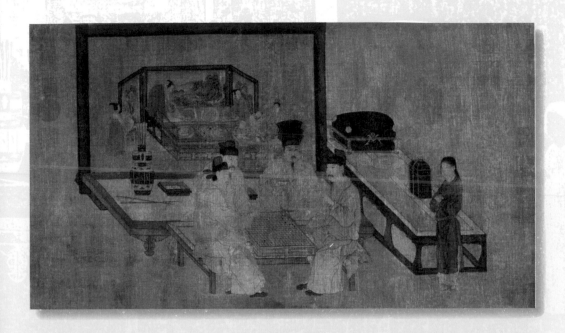

現藏於北京故宮的周文矩〈重屏會棋圖〉，為絹本設色，尺寸40.3×70.5cm，五代南唐時期作品。（下圖為局部）

〈韓熙載夜宴圖〉局部——韓熙載
袒胸露腹坐在椅上

顧閎中　韓熙載夜宴圖（局部）　絹本設色　28.7×333.5cm　五代南唐

是顧閎中的摹本。抗日戰爭後，張大千原本要斥資買下一座王府宅第，結果他看到了〈韓熙載夜宴圖〉之後打消置產念頭，不但花了五百兩黃金買下此畫，甚至還刻了一枚章蓋在畫上，印文是「東南西北，只有相隨沒有別離」！可以想見這幅畫作的重要性。畫中可以清楚看到，韓熙載和他的賓客共同靠坐在羅漢床上飲酒欣賞歌舞的模樣。這是一幅連環畫，所以也能看到韓熙載盤坐在無扶手的靠椅上，袒胸露腹和歌伎調情，還有一段是韓熙載慵懶地靠坐在羅漢床上，讓他的愛伎幫他洗手，同時間還有四位歌伎也坐在羅漢床上嬉笑。緊貼著羅漢床旁，還有一張圍屏掛著帷幕的床，床上還有枕頭與棉被，請別忘了當時還正在熱鬧宴客，賓客中還有一位僧人，而且兩位狗仔還能如此清楚記錄，顯見那時睡覺的地方不僅沒有私密性，甚且還有社交的功能。

　　時至今日，中國北方鄉下不僅還睡在炕上，炕也是起居生活的中心，而客人來訪時為表禮貌，都熱情地迎賓上炕奉茶，不過，這我就沒告訴老呂了，免得我去他家作客時……。

卷三

從人物的形象及故事漫談和其有關的文物，無論是器物還是書畫，都能一點一滴的拼湊過去，還原過去一個較清晰的樣貌。

引發我強烈好奇，

原來後人將李白之死神話了，

為文稱誦李白的豪情外，

也說他騎著鯨魚羽化成仙上了青天。

—— 摘自戴忠仁〈騎鯨魚的老外——李白〉

人物與故事卷

記得老師當年說，

李白是酒喝多了要去撈水中的月亮而溺死，

當時年紀小，

覺得李白一派瀟灑，

連離開人間的方式都讓人有想像空間。

1996年，我去台北的國立歷史博物館參觀竹雕展，

看到一件〈李白騎鯨〉的竹雕筆筒，

1

蕭蕭蕭蕭已二毛
風流的唐伯虎？

　　不久前有人拿了六幅已散的〈春宮畫〉冊頁向我兜售，並說該冊頁是唐伯虎的作品，又說只有唐伯虎的筆力加上有錢有閒去風流，才能畫出如此精細之春宮，聽得我差點把喝的普洱茶全都噴在畫上。

　　唐伯虎點秋香大家都熟悉，不過，根本沒這檔子事兒，歷史上的秋香不是婢女而是妓女；而且秋香的年紀比唐伯虎還長二十歲以上！秋香姓林名奴兒，秋香是她的號，據說她琴、棋、書、畫樣樣精通，是金陵（今南京）的名妓，因此，當然有很多人點她的檯。

　　不過「點秋香」最早的版本，是說秋香有天走在路上，瞥了小夥子一眼，這位名叫陳元超的蘇州書生就被電到了，然後設法喬裝書僮混進大戶人家，最後才娶得秋香，以上劇情和我們現今所知相仿，這是明朝的王同軌在他的小說《耳談》所撰寫的點秋香原始版本；到了明朝末年的馮夢龍所著《警世通言》，唐伯虎就取代了陳元超。馮夢龍一生考試屢考屢敗，考到五十七歲才靠候補成為貢生，六十一歲才當上一名知縣；至於真實世界裡的唐伯虎，其功名之途更坎坷，官沒當成還被關進牢裡。

　　唐伯虎是在參加全國會考時，因為同伴涉及賄賂加上官場內鬥，遭到牽連因此入獄，雖然後來被釋放，但他也

善和坊裏李端端，信是能行白牡丹。花月揚州金滿市，佳人價反屬窗毆唐寅

明代唐寅所畫〈仿唐人仕女圖〉

無意於仕途，回到老家窮到老婆都離他而去，幸而他會畫畫，靠著賣畫的錢，他落腳在一處名為「桃花塢」的地方，蓋了一處住所，整日喝酒和寄情書畫，他還寫了首桃花庵歌：「桃花塢裡桃花庵，桃花庵下桃花仙，桃花仙人種桃樹，又摘桃花換酒錢。酒醒只在花前坐，酒醉還來花下眠。半醒半醉日復日，花落花開年復年。」這恐怕是唐伯虎一輩子和「桃花」最近的時刻。進出他門戶的沒名女人，倒是有名男人，如沈周、祝允明、文徵明等人，他們也是唐伯虎的金主，因為他花錢的本事比賺錢大，經常向文徵明等人周轉才行，這和眾人印象中的瀟灑倜儻迥然不同，而且也顯示當年他的畫也賣得不好。

據說唐伯虎的出生時辰，正巧是寅年寅月寅日寅時，因此被取了「寅」這個名字，伯虎是他的字，寅年是虎年，伯是長的意思，長子唐寅就被起了伯虎的字，但是現存的唐伯虎書畫中，出現伯虎與白虎兩種不同印章，曾有人著稱，唐伯虎在父母、妻子、兒子、妹妹相繼都離開人世

從〈班姬團扇圖〉中，可看出唐寅在人物畫上所付出的努力。

後，就改稱白虎，這種說法有待進一步考證；不過，顯然改名字也沒時來運轉，因為唐寅還差點惹來殺身之禍。

明武宗的叔叔──寧王朱宸濠曾網羅唐伯虎為門客，一度自認要鹹魚翻身的唐伯虎後來發現，寧王廣納人才是為了要發動政變，唐伯虎最後是靠著裝瘋賣傻、渾身酒臭，被認為是無用的廢人後才得以脫離寧王府，朱宸濠最後果然因武裝叛亂失敗而被斬，之後的唐伯虎也繼續酗酒為樂。

嚴格說來秋香是唐伯虎的師姐，因為兩人畫畫的師父都是沈周，明朝的典籍中還有沈周為秋香畫了一幅畫的紀錄，至於秋香本人的繪畫造詣無法得知，但是唐寅畫美女的確有幾把刷子。

台北故宮的〈班姬團扇圖〉、〈仿唐人仕女圖〉、北京故宮博物院的〈王蜀宮伎圖〉，都可看出唐寅在人物畫所付出的努力，這幾幅畫中的女性有相同明顯特徵，削肩狹背，柳眉櫻唇，但是這些仕女的額頭、鼻子、下巴都是塗白，也就是所謂「三白」，簡單地說，這些女性是明朝人喜歡的身材，臉妝則是從唐朝就開始流行的造型。

唐伯虎連死後都是祝允明、王寵、文徵明等人湊錢才得以安葬，所以他生前既沒有追過秋香的浪漫史，也沒在青樓流連的本錢，很多人說唐伯虎因「經驗豐富」所以成為畫春宮畫的高手，全是掰的！

看我差點激動噴茶的老闆，指著露毛的絹本春宮畫說：「難得吧!?」我問：「知道唐伯虎寫過『滔滔滔滔醉一宵，蕭蕭蕭蕭已二毛』的詩嗎？」老闆誇我學問好，直說要不是春宮冊頁已散，否則那首詩可能題在上頭，我又喝了一口普洱，起身告退，就是提不起勇氣跟老闆說，那二毛指的是頭上的黑頭髮與白頭髮！

2 中國唯一的送子Uncle

　　很多人知道我當電視主播多年，卻不知道在家我也是製作人，因為我有四個小孩。一位朋友開玩笑地對我說，八成是因為我曾供奉註生娘娘的香油錢不少之故，我回說「錯，是因為神仙幫我多射了幾粒！」一旁一位女性友人頓時臉紅，「想到哪兒去了？」我拿出手機找出照片說：「是他多射了幾粒，保佑我的。」只見舉座皆茫然，看來我不能繼續開玩笑了，於是我正色說了一段「送子帥哥」的故事。

　　我出示手機上的照片，是今年中國嘉德拍賣公司春拍時所拍攝的一尊青銅像——張仙，原收藏家是已故的大藏家王世襄，而這尊張仙正是中國歷史上唯一一位扮演送子角色的男性神祇。這尊青銅人物像頭戴如意冠，旁垂巾角及飄帶，飄帶搭垂兩肩，袒胸露長袍及內衣雙重衣襟，腰間紮帶，上面掛一佩飾，帶下飄長穗，因風曳動，足穿長靴，瀟灑之致，人物神情安逸自得，同時右手三指撚彈丸，腰左側佩魚簍形彈囊，左臂應該持彈弓但已不見蹤跡。這正是張仙的典型造型之一。

　　綜合文史紀錄，張仙是唐末五代時候的人，故鄉在四川眉山，他的本名為張遠霄，少年時他擅長打彈弓，百發百中，傳說中他某日來到青城山下，見一老翁拿著一把竹

張仙為中國歷史上唯一一位扮演送子角色的男性神祇，此為嘉德拍賣推出的青銅張仙像。
（圖版提供／中國嘉德國際拍賣）

弓和三丸鐵彈，要賣三百錢。特別的是這老翁的兩眼竟有四個瞳孔，老翁說：「我這三顆鐵彈，能擊散妖靈，破邪辟疫。」張遠霄買下彈弓後的三年，又再與老翁重逢，並且獲得這奇人的功力傳授，自此張遠霄能辨鬼魅，能識星辰，他除了幫人以彈弓驅魔避禍外，也對天上發射彈弓，他說打天上的孤辰寡宿，可讓世上無嗣之人得子。張遠霄射空後墜下的彈子上有紅點，人們撿到後給那些不孕的女子佩戴便能懷孕，於是張遠霄就成了世人祈子的張仙。中國歷史上有蘇軾、蘇轍這樣的大文豪，也是多虧了張仙的那兩粒。

明朝的郎瑛在《七修類稿》記載，蘇軾的父親蘇洵夢見過張仙手裡捏著兩個彈子，他認為這是生子之兆，就開始供奉張仙神像。後來果然得二子，就是蘇軾和蘇轍。

據《眉山縣誌》載，蘇洵還寫過〈題張仙畫像碑〉：「洵自少豪放，嘗於庚午重九玉局無礙子肆中見畫像，筆法清奇，云乃張仙也，有禱必應，因解玉環易之。洵尚無嗣，每旦露香以告，逮數年乃得軾，又得轍，性皆嗜書。乃知真人急於接物，而無礙之言不吾誣也。故識其本末，使異時子孫求讀書種者，於此加敬焉。」

許多學者認為，蘇洵為求子嗣去拜張仙畫像和夢見張仙應真有其事，但也反映出古人不孝有三，無後為大的焦慮感。在不少傳統年畫中都有以張仙為主題的作品，所有的張仙畫像都將張仙描繪得飄逸俊秀，和同樣有驅鬼本領的鍾馗造型完全不同，這很可能是因為張仙之說的另一版本影響。

後蜀的末代皇帝是孟昶，他十六歲即位當皇帝，初期他勵精圖治，國勢果然也強盛起來，但晚期則生活萎靡，鋪張浪費，史籍記載，宋太祖攻破後蜀時，發現孟昶所用的尿壺都鑲著珍珠寶石，如此荒唐，失敗只是時間問題。

孟昶的愛妃花蕊夫人在後蜀亡國之後曾寫下悲憤的詩句：「君王城上豎降旗，妾在深宮哪得知，十四萬人齊解甲，更無一個是男兒。」花蕊夫人也成了宋太祖的戰利品，花蕊夫人對孟昶念念不忘，在寢宮掛上孟昶手持彈弓的畫像，有天宋太祖趙匡胤問道誰是畫像中人時，花蕊夫人掰說：「此蜀中張仙神也。祀之能令人有子。」此事一傳再傳，就成了張仙的另一個傳奇之說。

朋友指著手機問我為何要拍攝這張仙像，我說道家的廟宇多不可數，但是供奉張仙者寥寥無幾，我的家鄉高雄有座文武聖殿，有供奉張仙大帝，但那也只是陪神，主神是關公，廟宇尚且如此，市面流通的張仙塑像更是罕見，這尊王世襄半世紀前在地安門古玩店買來的青銅像，是我目前見過最好的一尊，也是最大的一尊（高度49公分），2003年估價僅四萬人民幣，成交價十八萬七千元，2011年再現江湖，成交價已達四十三萬人民幣。

我故事說完，茶敘也結束了，小我近二十歲的小陳特地來問我說，高雄的張仙靈嗎？我知道小陳貪杯又喜歡打牌，身子有些孱弱，我附耳對他說：「睡個好覺，吃顆藍色小藥丸子可能比張仙的那三粒彈子還有效。」

3
最 Man 的人

　　一位我的女性友人曾經跟著劉德華的行程東奔西跑，她說她的心願是和劉德華同台獻唱，劉德華的確是很多人的偶像，粉絲遍及港台，不過，中國歷史上粉絲最多的男人應該姓關，而且男女都崇拜他，他就是關公。

　　眾人腦海對關公浮起的第一印象是忠義雙全、勇猛善戰，北京故宮珍藏的〈關羽擒將圖〉可謂描寫關公的傑出繪畫作品。西元219年，關羽奉劉備之命進攻樊城，當時大雨滂沱、漢水暴漲，曹操的將領于禁所率領的七軍都被大水淹沒，而關羽則乘勢坐船進行攻擊，于禁的軍隊潰散如決堤，最後于禁向關羽投降，這是歷史上著名的「水淹七軍」。當時曹操所屬的將領中，有一位龐德也被關羽擒獲，但他堅不向關羽投降而被處斬。當時關羽可謂所向披靡，威震華夏，這是關羽治軍生涯的最高峰。〈關羽擒將圖〉所描繪的正是關羽審訊龐德的情景，我第一次看到這幅畫作的局部特寫時，還以為它是壁畫！

　　〈關羽擒將圖〉畫面有六名人物，被俘並且赤腳的就是龐德，他上身裸露，雙目怒睜，咬牙切齒，兩名關公的所屬在敲打木樁，將龐德身上的繩索綁縛得緊緊的。戴藍巾著綠袍的關公，丹臉鳳眼，長髯飄拂，在關平與周倉的護衛與吆喝下，展現大將之風，但也流露出對龐德不願屈

北京故宮珍藏的〈關羽擒將圖〉，描寫關公擒將軍龐德的作品。

服的英雄相惜之情。在中國的傳統人物畫作中這是少有的
戲劇性情節，紅綠金粉的用色，大膽鮮豔，當然令人目不
轉睛。作者的用筆流暢有力，無論是人物氣勢描寫或是山
石場景布局，都展現高超繪畫造詣。作者是明朝的宮廷畫

家商喜，為活躍於宣德時期的畫家。

商喜筆下的關羽可謂是一位帥哥，而關公通常在一般人印象中都是滿面通紅，何以有紅臉造型我不清楚，但是我知道想扮演關公不能完全copy！過去戲劇台上扮演關公的演員，在紅臉上會畫上黑點或畫上金線，稱為「破臉」，因為關公是神，不能完全模仿褻瀆，甚至飾演關公的演員，在演出前一週，必須齋戒沐浴和禁慾，化好妝後，這名關公演員不能亂笑，連卸妝所用的紙都必須拿到關公像前火化。這些還只是飾演關公的眾多規矩之一而已，由此可見關公被神格化的程度。

港片裡警察在警所設香案拜關公，和警察開火的黑道也拜關公，台灣的情形也一樣。有趣的是，許多需要靠司法單位保護的公司老闆，以及可能必須要向黑道交保護費的商家店鋪，都是拜關公，因為關公也被視為武財神。至於關公跟「財」為何有關，眾說紛紜，甚至還有傳說表示關公善於會計事務。賣剪刀的、拿刀殺豬的屠宰業和剃頭的都拜關公，原因就是關公的青龍偃月大刀之故，〈關羽擒將圖〉中持關公大刀者，為關羽大將周倉，但偏偏歷史學界認為，當年關公用的武器不是青龍偃月刀。

在三國演義中，青龍偃月刀重達八十二斤！看來應該是羅貫中為襯托關羽的神勇所杜撰，那樣的重量適合練舉重遠勝於作戰之途。偃月刀形狀的武器，直到宋朝才見諸文字紀錄，而關公則是東漢末年的人呀！

2011年初，台灣的大樂透上看十八億，一位朋友去行天宮拜拜，他說中獎的話就要在家中供奉恩主公，恩主公就是關公，我問他許願時是不是只有中頭獎才供奉？「怎麼了？」他反問我，我說買一尊關公像的成本要一千八百萬呀！

2010年6月，台北宇珍拍賣公司推出慶豐銀行的專拍，

名列2010年「中國佛像雕塑拍賣十大天價排行榜」的鎏金銅關公坐像。（圖版提供／宇珍國際藝術有限公司）

那是國泰美術館的舊藏，即為蔡辰男過去生意失敗時給銀行查扣的抵押品，其中一件拍品，為一尊明朝的鎏金關公坐像，姿態英武挺拔，臥蠶眉，豎眼攢眉，面貌豐偉。身著武甲，腰束帶，右肩有虎頭紋飾，足登虎頭雲紋高靴，左手置於腰旁，右手揚起，姆指三指昇起髯鬚，全像高31公分，最後擁有的買家付了一千八百七十萬新台幣，這尊關公也名列當年「中國佛像雕塑拍賣十大天價排行榜」之一。

也許讀者訝異的不是成交價，而是關公像為何被列為佛像，沒錯，關公固然普遍被列為道教之神祇，但在佛教中關公是伽藍護法。傳說當關羽不幸戰敗失守荊州，被敵將斬首，關羽魂魄飄蕩了二百九十六年，並四處呼喚「還我頭來」，直到遇見智者大師為他開示他當將軍時的殺業，並授與三皈五戒，使關羽頓時解脫，並發誓保護修行者，自此以後，佛門中都以「關公」造型做為所有護持寺院的「伽藍護法」的代表。這當然也是佛教「中國化」的結果，但也再次顯示關公在人們心中的地位和影響力。

朋友從韓國旅遊回來表示，韓國也有關公廟，而且是百年古蹟，我不禁自忖，會不會又有韓國專家宣稱，最Man的關公也是韓國人！？

4

翡翠、黃金的「榮祿」一生

　　誰會公開自己的外公是貪汙犯呢？中國的末代皇帝溥儀是也！而溥儀曾貪汙的外公，不但沒有吃牢飯，還曾經擔任過直隸總督兼北洋大臣、軍機大臣，並舉薦了袁世凱，溥儀的外公可謂是決定大清王朝存亡的重臣。

　　北京首都博物館的玉器展廳中，有幾件「綠油油」的展示品。它們分別是翡翠鼻煙壺、翡翠戒指、翡翠扳指、翡翠荷葉佩、翡翠翎管、翡翠雙獾掛件等，這些翡翠物件都十分精緻，翡翠的顏色和質地都屬上乘，其中一件體積較大的帶鉤特別引人注意。此為一件長13公分、寬2公分的翡翠帶鉤，翡翠原石白色之處作底，深綠色的地方則雕刻出龍的形象。整件翡翠器物呈現了立雕、透雕的技法，龍寬額闊嘴，眼睛突出，雙角後彎，如果以造形而言，這種形制的翡翠帶鉤曾一度在清朝的官宦系統流行，因此不算少見。不過，這件帶鉤的原主人和來源可非一般權貴，北京首都博物館的檔案中如此記錄：「翡翠雕龍帶鉤出土自北京市朝陽區高碑店的榮祿墓，這座大墓發掘於上個世紀60、70年代。」這是慈禧太后在榮祿六十歲生日時賞賜給他做為賀禮的，而榮祿就是溥儀的外公。

　　「我外祖父榮祿是瓜爾佳氏滿洲正白旗人，咸豐年間做過戶部銀庫員外郎，因為貪汙幾乎被肅順殺了頭。不

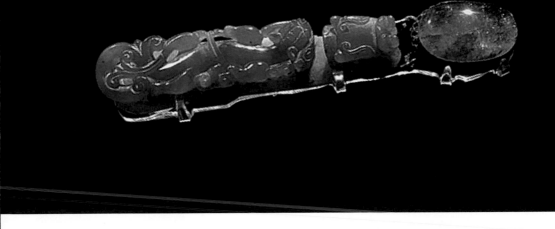

翡翠螭龍帶鉤
（圖版提供／北京首都博物
館）

知他用什麼方法擺脫了這次厄運，又花錢買得候補道員的
銜。」溥儀在《我的前半生》一書中公開爆料，他的外公
不僅曾涉及貪汙而且是靠買官發跡的，溥儀甚至描述了他
外公當時的官場現形記。例如他寫道「甲午戰爭這年，恭
親王出辦軍務，榮祿藉進京為慈禧太后祝壽的機會，鑽營
到恭親王身邊，得到了恭親王的信賴。甲午戰後，他推薦
袁世凱練新軍時，已經當上了兵部尚書。他這時已遠比從
前老練，善於看準關節，特別肯在總管太監李蓮英跟前花
銀子，因此漸漸改變了慈禧太后對他的印象。」

慈禧太后喜歡翡翠不是新聞，但她賞賜這麼多翡翠
寶物給大臣，在史料中並不多見。慈禧太后所賜的翡翠螭
龍帶鉤，還有一個粉紅碧璽的帶扣，其顏色之組合真可謂
絕配。榮祿若無察言觀色之本事，豈能獲得慈禧太后的信
任，溥儀曾經記錄過一件事，可以看出他外公榮祿的心機
之深，「他回到北京的第二年，得到了一件複查慈禧陵寢
工程兩損的差使。這個工程先經一個大臣檢查過，報稱修
繕費需白銀三十萬兩。據說這位大臣因為工程原由醇親王
生前監工督辦，不便低估原工程的質量，所以損毀情形也
報得不太嚴重。但榮祿另是一個做法。他摸準了太后的心
理，把損毀程度誇張了一番，修繕費報了一百五十萬兩。

結果太后把那位大臣罵了一通，對已死的醇親王的忠心也發生了疑問，而對榮祿卻有了進一步的賞識。」

　　除了溥儀的外公榮祿善耍心機外，溥儀外婆的手腕也不遑多讓，榮祿的太太經常被召入宮中陪慈禧談心，榮祿原配的墓葬曾出土一件金鳳，也是慈禧太后賞賜，金巧細緻，工藝非凡，是清代金銀器中的傑出作品。這些賞賜都可看出慈禧對榮祿一家的欣賞。

　　另一件慈禧賞給榮祿的金器很多年前曾經一度上了中國大陸的電視報導。那是一件10.4公分高的金葫蘆，器身精巧可愛，葫蘆身上還鏨刻著「丙申重陽皇太后賜臣榮祿」的字樣，字型工整，展現皇家的講究，底部為凹足，並且有「廉陞足金」的款樣，葫蘆頂端的蒂可以旋開，曾有博物館的人說，那葫蘆的功用，可能是裝鼻煙或飲料，我認為都不可能，因為孔小裝鼻煙和飲料都不方便，尤其容量更不適宜盛裝飲料。應該純粹就是象徵福祿富貴的御賜擺件。

　　2010年5月18日北京永樂拍賣，有一件御用銀鎏金鑲寶石壽字紋壽耳杯，耳杯以銀為胎，內壁鎏金，外壁兩側鏤空篆書雲托壽字紋金耳，頂部鑲嵌紅色寶石。外口沿與脛部對應裝飾金回字紋與累絲如意嵌寶石如意圖案，腹部鏨刻團壽紋六足並施加鎏金裝飾，杯底也刻「廉陞」二字豎行款。永樂拍賣認為「廉陞」款是施用於清光緒時期宮廷金銀器之上，但我認為即使是宮廷之物，也未必出自於造辦處，因為清朝末年，宮廷已經開始大量將金銀器委託民間作坊製作，因此不少金器都出現民間款記，如「聚華足金」、「寶華千足」等款識。永樂拍賣的耳杯當時估價只有十二萬人民幣，成交價卻高達人民幣一百五十一萬兩千元，榮祿墓出土的資料必然有助耳杯價格的攀升。

　　八國聯軍侵華時，榮祿陪著慈禧四處流亡，榮祿更協助

慈禧賞賜榮祿的金葫蘆
（圖版提供／北京首都博物館）

慈禧發動戊戌政變，軟禁了光緒，殺了變法人士，坦白說，政治上各為其主，可以平常心看待。榮祿萬萬沒想到的是，他因屢受重用而獲致的富貴財寶，導致他身後屍骨無存。

榮祿的墓地在文革期間由他的後代提供資料後被開挖，曾有段現場目擊的記載，「屍體終於被運到地面上來了。榮祿穿著紫色的長袍和褲子，袍子上面繡有金色團龍（據說是用真正黃金線繡的），沒有帽子；他的一妻二妾的服裝忘了，大概也是紫色，有團鳳。這時有人將四具屍體都用竹竿挑了起來，澆上汽油點火燒了。八葬八卜午後屍體已經爛得只剩下皮包骨頭，看起來肉已經沒有了，很輕，個子不大的人也能舉著竹竿滿世界亂跑，旁邊追隨的人便瘋狂躲避。而且屍體的顏色也不是從前聽說的那種白裡透紅，而是棕黑色的；但是仍然有彈性，點火燒了很長時間仍然連在一起，沒有掉下來變成一節一塊的，只是臭味更大了，根本就無法忍受，只能逃走。臨走前本來想撿幾根燒剩下的金絲，後來看看周圍那些瘋瘋癲癲的人群，到底沒敢動手……。」

榮祿墳墓的原址現在是高架道路的交流道，有的只是川流不息的車流。

御用銀鎏金鑲寶石壽字紋壽耳杯
（圖版提供／永樂拍賣）

騎鯨魚的老外──李白

「床前明月光，疑似地上霜，舉頭望明月，低頭思故鄉。」小學時代第一次唸到這首五言絕句的〈靜夜思〉時，就開始喜歡李白，原因無他，李白的詩簡單易懂，一輩子也難忘。1996年底的一次參觀，我竟然發現李白是騎鯨魚而溺死的！有一天翻翻舊書，居然發現李白是個老外！因為他的出生地，是在今天的吉爾吉斯坦共和國。

李白是中國歷史上公推的「詩仙」，留有九百九十首作品，北京故宮博物院的一幅〈上陽臺帖〉，則是李白碩果僅存的書法真跡。李白以五行草書寫著「山高水長，物象千萬，非有老筆，清壯可窮。十八日，上陽臺書，太白。」帖上清高宗楷書題「青蓮逸翰」四字，正文右上宋徽宗趙佶瘦金書題簽：「唐李太白上陽臺」一行。這裡的陽臺指的是陽臺宮，那是唐玄宗時期的一座道觀，許多名流曾到那兒去修行，陽臺宮位於王屋山，景致壯麗引發了李白的靈感寫下這首詩。如何確知這就是李白的真跡？看倌就別為難我了，每次我拿毛筆都覺得臂膀如負千斤！不過這幅北京故宮的收藏品上有著密密麻麻的收藏印，有宋趙孟堅「子固」、「彝齋」、賈似道「秋壑圖書」、元「張晏私印」、「歐陽玄印」，以及明項元汴，清梁清標、安岐、清內府，近代張伯駒等藏印。看來他們和宋徽

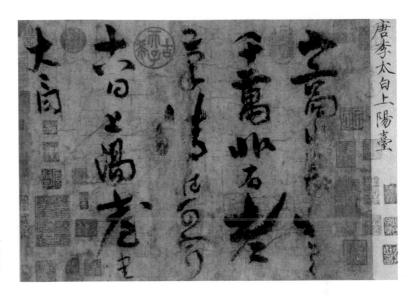

北京故宮博物院所藏的〈上陽臺帖〉是李白碩果僅存的書法真跡。

宗及乾隆帝一樣，都認可那就是李白的真跡。最後的收藏家張伯駒將這幅李白的書法送給了毛澤東，老毛沒私藏轉交給了北京故宮。這幅李白的真跡太寶貴了，北京故宮不輕易展示，上次短暫公開展覽已經是四年前的事。

李白很會趴趴走，唸書時教科書說他是隴西人（今天的甘肅），不過，現在專家大都同意他是在西域出生，精準一點說，他是在今天的吉爾吉斯坦共和國出生。大約是五歲時，隨父親李客舉家移民到現在的四川。著名的學者陳寅恪曾考證後堅決指出：李白是胡人毋庸置疑。他說胡人的姓名在中原不太通用，一般人稱在中原的胡人為胡客，李白的爸爸到四川後便以「客」為名，至於姓李應該是逢迎當時皇室的姓氏。照李白自己的說法，二十五歲那年，他就開始辭親遠遊，江陵、岳陽、洞庭湖、廬山、金陵、揚州、姑蘇、江夏（今湖北武昌）、安陸荊州、洛陽、梁宋（今開封商丘）、齊州（今山東濟南）、會稽、幽燕（今北京宣城）、當塗（在安徽）、南陵、秋浦夜郎（今貴州梓潼）等地，都有李白足跡，而且部分地區他曾

重複往返流連。如果你問李白他的家在哪裡，恐怕他的答案你會嚇一跳。

　　李白才氣縱橫，當年就有龐大的粉絲團和追星族，這樣的人免不了有紅粉知己。李白結了兩次婚，另有兩次同居的紀錄，很少人注意的是，李白兩次婚姻都是被招贅，而且對方都是出自宰相級的官宦世家的女子。「一生好入名山遊」這是李白對自己的描述，如果對照李白的行蹤和生平作品，不難發現李白的太太和女友們都愛上了一個不回家的男人。李白的詩書才華一流，但政治判斷力奇差無比，甚至不如他老婆。

　　李白一心一意想從政報國，也曾擔任唐玄宗時代的翰林，這不是重要的職務，他在長安待了一年多後，就拿了一筆唐玄宗的資遣費後走人（史書當然說是皇帝賜金），西元756年永王李璘（唐肅宗的弟弟）力邀他擔任幕僚，李白當時的第二任妻子宗氏是相國之後，她八成已經看出永王的野心，乃力勸李白放棄這機會。李白沒聽，當官兩個月後，永王就出包了，以叛國罪被處死，李白則靠郭子儀說情方保住項上人頭，但被流放貴州，後來碰到大赦才恢復自由身。

「李白騎鯨」竹雕筆筒

徐良　太白騎鯨圖　明代

　　記得老師當年說，李白是酒喝多了要去撈水中的月亮
而溺死，當時年紀小，覺得李白一派瀟灑，連離開人間的
方式都讓人有想像空間。1996年，我去台北的國立歷史博物
館參觀竹雕展，看到一件「李白騎鯨」的竹雕筆筒，引發
我強烈好奇，原來後人將李白之死神話了，為文稱誦李白
的豪情外，也說他騎著鯨魚羽化成仙上了青天。1982年江
蘇的淮安出土了一座明朝的墓葬，墓主是明朝的收藏家王
鎮，墓葬起出了二十五幅完整字畫，其中之一是極為罕見
〈太白騎鯨圖〉（明朝畫家徐良所作），圖中李白身著官
服、騎鯨馳騁，周遭白浪滾滾，水天相連。圖上有一首詩
「金鑾奏對寵非常，一斗詩名萬代揚，憶自騎鯨赴寥廓，
至今塵世尚流芳。」這幅畫現在是淮安市楚州區博物館的
收藏品，而那件「李白騎鯨」竹雕筆筒幾年前曾出現在大
陸的拍賣場，不知最後下落如何？

　　中學時代老師帶著我們朗讀李白的詩，並訴說李白詩
中的寓意，我舉手發問：「李白到處玩到處喝酒，他以何
維生？」老師看了看我：「快下課了，以後再說。」答案
至今不明，老師大概覺得我的問題很沒有意義吧。

6

公子的才與情

　　執筆此篇文稿之際，正是電影《鐵娘子》熱烈上映之時，英國前首相柴契爾夫人是一位雜貨店老闆之女，但她所締造的輝煌紀錄，在英國首相之列中，恐怕將是後無來者。柴契爾夫人拜訪中國時，北京當局精心挑選了一批禮物送她，其中一幅畫是女性畫家潘素的傑作，沒有記錄顯示，柴契爾夫人知曉潘素的傳奇人生。在十三歲那年，潘素被繼母賣到歡場，從此在風塵打滾，直到她遇見一位有婦之夫後，她的人生從此改變。

　　潘素的老公是張伯駒，人稱「民國四公子」之一（其他三人是張學良、袁克定——袁世凱之子、溥侗——成親王永瑆的曾孫）。許多人認為張伯駒是民國初年第一收藏家，事實似乎也是如此。李白唯一的真跡〈上陽臺帖〉是張伯駒送給毛澤東後，再轉送北京故宮。

民國第一收藏家張伯駒

張伯駒與潘素的聯合作品。
張伯駒、潘素、王雪濤
梅石圖　1979
（圖版提供／中國嘉德國際
拍賣有限公司）

中國歷史上保存下來的第一位女畫家宋代楊婕妤的〈百花圖〉，是張伯駒捐給吉林博物館的。張伯駒自號「春遊主人」，這是因為他賣了一幢宅院（原李連英的故居）給輔仁大學後湊得一百四十兩黃金，買下了天下第一畫卷——隋代展子虔的〈游春圖〉，這幅圖現在是北京故宮的珍寶之一。也是中國現存最早的卷軸畫，更是中國存世最早的的山水畫。比王羲之作品還要早的西晉陸機所寫〈平復帖〉，是張伯駒花了四萬大洋向溥心畬買來的。張伯駒的鑑賞能力與品味，曾經被著名的畫家劉海粟譽為「當代文化高原上的峻峰」。張伯駒的父親張鎮芳是清末最高階的鹽官，也參與創辦中國鹽業銀行，所以張伯駒曾是銀行董事。不過，如果職業欄可以有「公子哥兒」的類別，那張伯駒必是典型代表。

中共早期的交通部長章伯鈞之女章詒如，曾經有過一段對張伯駒的回憶，我認為最能顯示張先生的公子哥兒個性，「解放後張先生看上了一幅古畫，出手人要價不菲。而此時的張伯駒，已不是彼時的張公子。……張伯駒見妻子沒答應，索性躺倒在地。任潘素怎麼拉，怎麼哄，也不起來。最後，潘素不得不允諾：『拿出一件首飾換錢買畫。』有了這句，張伯駒才翻身爬起，用手拍拍沾在身上的泥土，自己回屋睡覺去了。」會跟老婆撒嬌的張伯駒，第一次在上海煙花巷見到潘素就驚為天人。潘素也對張伯駒傾心，不過，當時潘素已是一位將領的禁臠，因此遭到軟禁，最後兩人歷經艱難才成功私奔。潘素開始在張伯駒安排下學畫，也開啟她的藝術生涯。

有一年張伯駒在上海遭到歹徒綁架，多虧潘素穿梭黑白兩道尋求援助方得脫險，同時，也守住了張伯駒不得變賣收藏的原則。中共政權成立後，規定只能有妻不能有妾，張伯駒選擇了潘素為唯一的張太太，也真的開始相依

讓張伯駒驚為天人的潘素

為命。文革期間，張伯駒和潘素被送去勞改，不料地處偏僻的生產大隊不收也不理老夫婦倆，張潘二人設法回到北京，這對以前住王府豪宅的夫婦卻成了「黑戶」，別說沒有當年買畫的金條，連過日子的糧票、油票都沒得領，必須靠友人接濟才行。1982年2月，張伯駒感冒住院，潘素哀求院方換房被拒，理由是「不夠級別，不能換」。四天後，八十四歲的張伯駒留下六十七歲的潘素先走了。十年後，潘素病逝北京。

　　「百年夫婦百年恩，縱滄海，石填難數。白頭共詠，黛眉重畫，柳暗花明有路。兩情一命永相憐，從未解，秦朝楚暮。」這是張伯駒晚年寫給潘素的詞，張伯駒將國之重寶都送給了博物館，他和潘素四十一年的相扶相持則是他永久的私藏。

7

香妃是小三？

「只有香奈兒五號香水。（Nothing but a few drops of Chanel No.5）」這是半世紀前，瑪麗蓮夢露回應記者問她「晚上睡覺穿什麼？」的答案，也成了上世紀的名言。在中國，則有位女性的體香傳說撩起了百年之久的想像，她就是香妃。只是大家看得最多的香妃畫像，她其實是位古典小三，也就是姨太太。

民間傳說的香妃應就是乾隆的容妃。台北故宮博物院有一盞灰青玉厚碗，刻有乾隆御題詩，是乾隆二十一年新疆大和卓木所進貢的，容妃極可能是在當時和這批貢品一起入京。乾隆應該蠻喜歡容妃的，不但她的位階從貴人晉升為妃，而且乾隆幾次下江南時，容妃都隨伺在側，因為容妃的飲食習慣不同，乾隆還特准她有專屬的廚子。

不過，並沒有任何容妃有體香的記載。

事實上「香妃」一詞是清末民國初年才開始流傳的，傳說中的香妃根本就是位殺手，說她寧死不屈於乾隆，甚至還出手行刺未果等等，這些傳說後來也成為金庸的《書劍恩仇錄》，與瓊瑤的《還珠格格》的創作材料之一。至於香妃（容妃）長得什麼樣，可就更曲折迷離了。

台北故宮有一幅油畫人像作品，品名上寫著「清　無款油畫像」，內容則又寫著：「油畫，香妃著甲胄戎衣，寫

郎世寧所作無款的油畫像

影剛健婀娜。」還註記是郎世寧的作品。至於她為何被認為是香妃，而故宮的態度又為何刻意模糊不清呢？原來這都是官大學問大的結果。

　　清史專家朱家溍先生曾經找到當年滿清內務府的承辦人，知道這幅油畫是從承德避暑山莊運到北京的，當時帳本上僅僅記錄著：油畫屏一件。1914年這幅畫和其他文物曾經公開展示，當時的北洋政府內務總長朱啟鈐看見這幅畫像，順口說這大概就是香妃吧。已故故宮博物院副院長單士元先生在回憶錄中坦承，他和同事考慮到經濟效益，於是就根據朱啟鈐的隨口說法定下了「香妃戎裝像」，單老先生晚年自責「這是一種不負責任的行為」。不過香妃戎裝紀錄也就從北京一路跟來台北。更離譜的香妃真容事件還繼續在全球各地發生。

　　有一張現今流傳最廣的香妃人像，舉凡網路上的維基百科、百度百科、大陸山東大學出版社的香妃畫像一書封面，以及台灣上揚唱片發行的江文也專輯《香妃＼阿里山的歌聲》，其唱片封面也都是這張紅衣女子。可是她和香妃根本毫無關係。

　　紅衣女的裝扮就已經透露她和香妃是不同時代的人，早年在清朝宮廷通身滿綠的「純翠」甚少，白地含斑點狀的翠較多，大部分做為陳列器，一直到慈禧太后掌權，翡翠才開始成為流行的貴重首飾，而紅衣女子的耳環和翡翠手鐲十分講究，也顯

流傳最廣的「香妃」像

示那不是18世紀妃子應有的打扮。2011年紐約蘇富比春拍，
出現一幅香妃油畫像，蘇富比的香妃穿著藍衣裳，至於打
扮和姿態和紅衣香妃一致，畫風也雷同。

　　有趣的是，英國的布萊頓博物館（Brighton Museum &
Art Gallery）藏品編號FA000632的油畫人像，和蘇富比的香
妃幾乎相同，但紀錄顯示，畫像中的女子是香港一位胡姓
人家的四姨太，作者是一位華人畫家林官（Lam Qua），他
是目前所認為的19世紀中國民間最重要的油畫家，在當時沒
有攝影技術的情況下，他還曾經以油畫方式寫實地描繪出
不少罕見疾病患者的外觀特徵，這些作品現在還是美國耶
魯大學的典藏。

　　本世紀初，就有人指出那紅衣女不是香妃，而且相
同的畫像也曾出現在美國，不過顯然敵不過網路的以訛傳
訛。布萊頓博物館也販售四姨太像複製品，只是不知英國
專家是否知道，四姨太已經成了王妃？更奇特的沉默是來
自香港藝術館，因為他們也有一幅容貌相同的綠衣女子油
畫像，不過，藏品說明寫的是「貴婦像　畫家佚名　19世紀
中葉」，如果想把香妃放在家裡，我推薦這幅複製品，它
比小瓶的Chanel No.5還便宜，只要港幣六塊五毛錢！

8

食色性也？
少帥與大師的曲折

華燈初上時，上海某豪門宴客，女主人趁機塞了個字條給一個男的，字條上寫著：「請你可憐可憐我，今天晚上你不要走。」來做客的男人把字條改了兩個字：「請你可憐可憐我，今天晚上你放我走。」交還給引誘他的女人。那一夜之前和之後，他

張學良身影

們倆其實已暗渡陳倉多次。男的是促成中華民國第一次統一的張學良，女的是某名人的太太，但張學良在口述歷史時，多次強調不能說出來。不過，他倒是自白共有十一位情婦。張學良的好友張大千，一生一妻三妾，紅粉知己無數，張學良生前唯一一次的收藏拍賣，我認為是啟動大千先生現代水墨作品價格飛躍的關鍵時刻。

民國80年3月10日一早，透過管道安排下，當時還是電視主播的我和攝影同仁悄悄地進入了松山軍用機場，我一直在候機室踱步，直到受訪者張學良的出現。他坐在輪椅上接受我的訪問，趙四小姐在一旁看著，那是被軟禁四十五年的張學良，生平第一次接受台灣電視新聞媒體訪問，張學良對著鏡頭說，他要到美國探訪親友，我問他要

在美國待多久時間，人稱少帥的張學良說，沒計畫，一切隨興。訪問結束後張學良從軍用機場上專車，再到隔壁的民航松山機場搭乘華航班機，第一次離開台灣，也象徵他真的自由了。民國82年年底，張學良偕同趙四小姐再度赴美，我沒去採訪，但我告訴同事，這次他永遠不會回來了。讓我意外的是，就在張學良拿到美國綠卡的那個月（1994年4月），他的書畫收藏在台北蘇富比亮相，並且引起極大轟動。

蘇富比「定遠齋」專拍是在當年的新光美術館（台北市仁愛路圓環邊）舉行，兩百零七件拍品全數拍出，最高價是以新台幣一千六百五十五萬落槌的宋代畫家謝元的傳世孤本〈桃花〉，超出估價三倍。但高潮迭起的是張大千的十八幅作品，〈湖山清舟〉以一千零五十萬元落槌，〈水竹幽居〉和〈秋聲圖〉的價格分別是五百二十萬元和三百九十萬元，共有十一幅張大千拍品的成交價超過新台幣一百萬，這些數字現在看來是九牛一毛，但在當年可是讓參與者熱血沸騰呢！知名的古董商和藏家張宗憲就說，「定遠齋」拍賣是他畢生難忘的拍賣會之一。據說這次的拍賣所得是張學良遷居夏威夷的支撐依靠。

張學良和張大千有些「第一次」的糾葛相當傳奇。有一年張大千在古玩店看上了一幅畫，和商家約定好兩天後前往付款取件時，卻遭到琉璃廠賣家違約，因為張學良以高價和現金先下手為強了，商家哪敢得罪少帥？張大千第一次赴時任三軍副司令的張學良晚宴時，還事先寫下求救信，因為他怕張學良追究買到自己所仿冒石濤的畫作，不過，兩人在那一次開始結緣。西安事件前一年，他倆在西安見面，當張大千因事想告別時，張學良卻第一次開口求畫，張大千畫了幅〈華山山水〉，為了趕時間，他把畫拿到爐邊去烤，不但焚毀畫作，也第一次把鬍子給燒掉一大

把，但他還是又提筆連夜作畫到天明，張學良十分感動，派了專機把張大千送回北平，啥事也沒耽誤到。兩人再見面時，已是二十九年之後，當晚張學良在台灣北投寓所拿出一件禮物送給張大千，正是當年被張學良在古玩店橫刀奪愛的新羅山人作品〈紅梅圖〉。

「欲向天孫問消息，銀河可許小星藏」張大千大膽的在詩句中向太太探口風，是否可以在國外納妾，最後沒能如願。讓張大千意亂情迷的是一位朝鮮女性——春紅，當年她只有十五歲。而張學良開始學會獵豔，則是從十六歲開始，肇因於一位女子的引誘，那「壞女人」（張學良的用語）是少帥的表嫂！

1981年張大千在外雙溪的摩耶精舍宴請張學良，張學良特別將當時大千先生親筆題的菜單送去裝裱，張大千看到張學良刻意留白的裝裱，就順手再畫了五支綠葉紅蘿蔔和兩棵白菜，更題詩一首：「蔓菔無兒芥有孫，老夫久已戒腥葷。髒神安座清虛府，那許羊來踏菜園。」這份菜單後來也成「定遠齋」專拍的一項名品。

獨家專訪張學良那年我剛滿三十歲，訪問一位改寫歷史的時代人物當然內心澎湃不已，張學良口述歷史出版時，我已年近五十，看到書中張學良說：「女人要沾上我，她就不離開了。我要是年輕人，我就開課了，講怎麼管女人的事情啊。」讀著讀著我心裡又激動起來，「少帥，你怎不早說呢！」

干貝鴿蛋
江油肥鴨
菜苔臘肉
蟶潤肚條
干燒鰉翅

六一丝
蔡姬烏參
紹酒燴筍
西瓜盅

干煨明骨
清蒸鴨羓
粉蒸牛肉
余玉瓜肉片
煮元宵
豆泥蒸餃
西瓜盅

大千吾弟之嗜饌蘇
東坡之愛釀後先輝
映佳話頻傳其手製
之菜單及補圖白菜
菜菔亦與東坡之松
醪賦異曲同工雖屬
遊戲文章而存有
深意具見其奇才
異能之餘緒兼含
養生游藝之情趣
爰樂為
漢卿吾兄雅屬綴此
數言以遺之
七十一年壬戌仲夏
張羣

1994年4月10日台北蘇富比「定遠齋」拍賣中的張大千菜單〈食帖；蔬果、行書詩詞〉

9 冠冕無醜士，賄賂成知己

　　前行政院祕書長林益世因為收賄被錄音成為證據，所以「一槍斃命」而被收押，林母更是拖著裝有上千萬的行李箱直奔地檢署，希望把兒子救出來，讓很多人感慨不已。關說賄賂在中國的可考歷史，起碼有三千年時間，而且當事者還把過程慎重其事地記錄下來，這份史實紀錄已成國寶。

　　耶魯大學美術館在20世紀初買進了一個中國青銅簋（通稱五年琱生簋），上面的一百零四字銘文當時還未被重視，1959年一位化工專家捐了一件青銅簋（通稱六年琱生簋）給中國國家博物館，開始有人注意到這兩件簋的銘文是上下關聯的，也揭祕中國人關說行賄的歷史之悠久。這兩件青銅器的主人是西周時期的一位貴族琱生，當時在「普天之下，莫非王土」的觀念與制度下，琱生卻膽大妄為侵占國土開發私田，並且違規超額蓄養奴僕，遭人檢舉吃上官司。官員召伯虎奉派進行調查，召伯虎與琱生兩人同宗，召伯虎的父親還是該宗的宗君，有一定的權勢。於是，琱生找上了召伯虎的母親，送上厚禮拜託她向宗君說項，希望看在親人的分上網開一面，召伯虎的父親也答應出面說情，向兒子施壓，此招果然生效。

　　後來召伯虎甚至親自登門造訪琱生，不但告訴他只

琱生尊

須繳些罰金，就大事化小，小事化無，還把尚未公告但已完成的判決書副本給了琱生（像不像前調查局長葉盛茂和阿扁總統的互動？），琱生又連忙再補上一份大禮。紀錄顯示，琱生賄賂的禮品有青銅壺、玉璋、玉瑱、玉璧、帛等，這些都是當時的貴重物品。琱生還鑄造了記錄這事件的寶簋，希望子子孫孫萬年感念。

琱生的打點關係是很仔細的，因為2006年11月，陝西扶風縣的農民在挖水溝時，意外發現一批窖藏青銅器，其中出土的兩件琱生尊也有銘文記述了同一事件，並且透露琱生送禮的範圍除了召伯虎一家，還向其他相關的官員贈送了束帛、玉瑱及燈兩盞。把自己關說行賄的作為，用貴重的青銅器記錄下來，顯見當時的法治觀念和現在相去甚遠。更讓人意外的是，收禮徇私的召伯虎後來一路高升，甚至為了國家社稷犧牲自己的兒子。

依據《史記》的記載，周厲王因為暴戾無道，引發暴亂，暴民衝入王宮後，發現周厲王落跑了，便四處搜尋太子靜，召穆公（也就是召伯虎）把太子藏到家中，並讓自己的兒子假冒太子受死。在王位懸缺的十四年間，召穆

珣生簋的銘文是中國最早的賄賂史實

耶魯大學的五年珣生簋

公、周定公兩位宰相，整頓朝政，代行統治權力，是歷史上有名的「周召共和」，後來太子在召穆公教養下長大成人，繼位為宣王，復興了周朝榮耀，歷史上稱之「宣王中興」。

清朝光緒皇帝的老師是翁同龢，有一次光緒帝向翁同龢表示：雞蛋很好吃，就是太貴了，不知道翁同龢家中平日是否吃雞蛋？翁同龢一聽，心知宮中有人搞鬼，但隨口騙光緒說他不吃雞蛋，只有在祭祀祖先時，才放個雞蛋當供品。原來光緒皇帝一天要吃四個雞蛋，這些雞蛋原本只值十二個銅錢，但內務太監卻報帳，四個蛋要三十四兩白銀！光緒吃雞蛋一年就花掉了一萬兩千四百一十兩銀子！有一次早朝後，光緒特別對一位從遠方進京的官員噓寒問暖，問他吃過早餐沒？對方回答吃了三個雞蛋，光緒皇帝大驚失色。清朝一品官員一年俸祿是白銀一百八十兩，四品官員一年也只有一百零五兩，這人瞧見周遭太監臉色更難看，知道闖禍了便立即下跪說，他吃的是臭雞蛋，跟皇上吃的截然不同。可見清末貪腐之風的惡劣。

再看看珣生簋的銘文，突然腦海有個傷腦筋的問題，貪官可惡，該關！那笨蛋無感的官僚，該怎麼辦？

10
古今青史分明在，傷心人話舊興亡

2012年中秋節前送禮的車潮把北京市塞成停車場，原本二十分鐘的路程要花兩個半小時才行！三百年前的明朝萬曆年間，有位文人周暉，在除夕前一天外出，走到南京內橋，看到中城兵馬司衙門前聚集長長人龍，道路為之阻塞，每個人都手捧食盒，經過詢問打聽，才知道這些人都是來給中城兵馬司送禮的。看來百年來中國官場文化沒啥變化，送禮要花錢，但不送禮就沒錢花了。送禮也看得出品味，2012年邦瀚斯（Bonhams）在倫敦的春拍，其中有一件玉山子就是當年的官場禮物，送禮的是鼎鼎大名的李鴻章，餽贈的對象是權傾一時的恭親王奕訢。

李鴻章送的是一件青白玉雕山水人物山子，這件玉器以高浮雕手法，刻劃出四高士與一侍者，立於溪流上方一塊突出的岩石上，身旁群山環繞，松樹與梧桐樹矗立，玉石背面刻有光禿的峭壁和松樹，突出的懸崖之上刻有九字鎏金銘文「敬奉　恭親王　臣　李鴻章」。李鴻章是滿清歷史中最受重用的漢人，慈禧太后曾破格賞予李鴻章「三眼花翎」，以往只有滿族血統的貴族才能獲得這種殊榮。李鴻章雖然因簽訂《馬關條約》而被人咒罵是賣國賊，不過，綜觀他的一生，李鴻章是晚清時代最開明的一位大臣，輪船招商局、江南製造總局、安慶內軍械所，都是他

李鴻章送給恭
親王的玉山子

創設的，中國第一座蒸汽機、第一艘木質輪船，和中國的
海軍艦隊的誕生都是李鴻章的功勞。最支持李鴻章提倡洋
務的便是恭親王奕訢。1860年的英法聯軍時，奕訢被任命
為全權大臣，交涉過程中奕訢體認到大清帝國必須要改革
了。後來奕訢協助慈安太后及慈禧太后發動政變，掌握實
權，奕訢被封為議政王，又擔任領班軍機大臣與領班總理
衙門大臣，他可以說是宮廷內開明派的發動機。不過，
奕訢應該沒想到他的「國」會被滅亡，他的「家」會被變
賣，他的收藏品會流離失所。

　　現在北京最完整的王府建築就是恭親王奕訢的宅邸，
最早那兒是和珅的住宅，在奕訢當紅時，大興土木進行重
整，立下恭王府的規模，當年在王府排隊送禮者不知凡
幾，但風水總是輪流轉的。

　　有一個說法，奕訢的嫡孫溥偉有一天在恭王府聽京戲
時，管家稟報已經退位的溥儀被段祺瑞趕出紫禁城，溥偉
趕赴天津拜見溥儀並誓言傾家蕩產也要恢復王室。1912年
溥偉為籌措復辟費用，找來了日本古董商人山中定次郎，
將書畫之外的所有藏品一次都賣給他。1913年山中定次郎
在美國的American Art Galleries舉辦了一次The Prince Kung

Collection恭親王藏品專拍，李鴻章送的玉山子就在其中第252號拍品。那次的買賣也奠定了山中商會在中國古董領域的領先地位。北京恭王府現在已是著名的景點，大陸官方成立了恭王府管理中心和文物管理處，並四處張羅徵集了上百件清朝文物，不過卻沒有一件是原來恭王府的收藏！

恭王府的收藏變現後沒能「反民復清」，不過，恭王府的藏品倒是幫了台灣高等教育一把。已故收藏家胡惠春昆仲輾轉獲得一批恭王府的紫檀家具，台北故宮以專款買下了這批重要家具，而胡氏兄弟則將款項捐給了東吳大學興學之用。現今這批紫檀家具常年在台北故宮展出。

李鴻章送恭親王奕訢的玉山子是典型的18世紀作品，雅緻極了，收藏來歷清楚，1963年在倫敦拍賣過一次。2012年在倫敦拍賣時，大家都認為會飆高價，我的一位台灣收藏家朋友原沒準備競標，但在觀看拍賣的網路直播時獲知現場居然流標！他立即透過越洋電話交涉僅以四十八萬一千兩百五十英鎊就買到了！據了解，在他出手後還有四位買家排隊等候出價。

The Prince Kung Collection

AMERICAN ART GALLERIES
MADISON SQUARE SOUTH
NEW YORK

1913年恭親王藏品拍賣目錄

奕訢孫子之一的大畫家溥心畬就出生在恭王府，當朋友告訴我他買到這件玉山子時，我為他高興，也想到溥心畬曾寫過一首曲子叫〈歷史〉，曲末最後兩句「這正是古今青史分明在，傷心人話舊興亡」，這李鴻章的禮物，從北京到大阪到紐約到倫敦又回到了台北，見證了何只中國恭王府的榮華盡褪。

11 誰來為包公伸冤！

　　2011年星巴克在包公的故鄉安徽合肥開店，並且推出以包公為Logo的馬克杯，但是包公的後人跳出來，指責星巴克把包公弄得不倫不類，有趣的是，網民幾乎一面倒的站在星巴克那邊，調侃「護祖」的做法其實是為了錢。這件事沸沸揚揚一陣子後，也就不了了之，不過，也因此我發現包公的黑臉極可能是掰出來的，因為根據官方和包公後代的圖像資料顯示，包公是個白臉！

　　北京故宮有個在明朝興建的南薰殿，這個獨立的院落有著非常重要的收藏，共有帝王賢臣畫像（卷、冊、軸）共一百二十一份，所繪大小人像共五百八十三名，而其中就有包公的圖像，應該是明朝所繪製的，圖中的包公，未見威嚴倒有慈祥，同樣是白臉包公的資料出現在台北故宮博物院的《故宮書畫錄》（卷七）第四冊歷代聖賢半身像的包拯，這幅絹畫的包公更是俊秀，額頭也沒有月亮疤，完全迥異於戲劇中的包黑子造型。包公的後代自稱目前擁有的包拯畫像，是請畫家參照過去

北京故宮博物院南薰殿所藏的包公畫像

家傳畫像老照片所重新繪製的，這幅畫像的包公形象較為消瘦，但也是個白臉！官方的包公肖像斯文得可以，但真實歷史中的包公，有時論政就像火爆浪子，連皇帝對他都敬畏三分。

　　有一次，宋仁宗的寵妃張貴妃的伯父張堯佐，一年內連著四次因為裙帶關係而被拔擢，最後當他被任命為宣徽史時，包公按耐不住了，史籍記載向皇帝進言的包拯「**大陳其不可，反覆數百言，音吐憤激，唾濺帝面**」，被噴得滿臉口水的宋仁宗只好收回成命。包青天的名聲從宋朝至今響徹近千年，不過，當年包公真正花在審案的日子其實不多，宋朝正史記錄包公所辦的案子只有一樁：包公在天長縣任知縣時，一個農民來告狀，說有人偷割了他家耕牛的舌頭。當時宋朝的法律規定，民間私殺耕牛是犯法的，但是包拯卻對那農民說回家把牛殺了，自己留一點吃，其餘拿到市場上去賣。那位農民回家後真的把耕牛殺了，第二天就有人向官府舉報那位殺牛的農民，包拯反將這告狀的人扣押起來，怒目問道：「你為什麼把人家牛的舌頭割了？」那人驚慌失措之餘如實招供。其餘外界流傳的大案都和包公無關，主要是起於明朝的一本書《增像包龍圖判百家公案》，絕大部分案例是翻抄他案移花接木所成。此外，在明朝中葉之前，包公的臉都還是正常的，後來因戲劇效果，包公就成了黑臉。包公案中的世紀大案——大審駙馬陳世美，更能看出一般百姓對包公的景仰，因為陳世美案最早出現在清朝順治年間的戲劇，據說在一次野台戲表演中，台下戲迷起鬨要斬陳世美，戲班主在後台看到唱完前一齣戲尚未卸妝的包公，靈機一動推他上台對陳世美開鍘，從此北宋的包公便和清朝的陳世美糾結一起，真是所謂的張飛打岳飛！

　　民間有諺語：「關節不到，有閻羅包老。」表示無法

打通關節的話，還有清廉的包公可靠，這也是數百年來老百姓尊崇包公的主因。包拯一生為官清廉，未料這竟然成了他百年之後的大劫。1970年代的某天，中共官方為鋼鐵廠要興建一座石灰窯，於是要剷除包公墓，迫使包公家族和文史工作者進行遷墓工作，其中有三十四塊遺骨送到北京化驗，其餘用十一口小棺所盛的遺骸，送回老家時，竟被公社書記以「搞封建宗教活動，大包村的土地不能讓封建社會的孝子賢孫給抹黑」為由，不允許包公的屍骨下葬，更威脅不從便立即銷毀。包家後人備感無奈，只能偷偷找地方埋葬包公。等到中共當局同意將包公墓遷回合肥老家時，眾人才赫然發現，原本下葬時裝遺骸的甕罐竟然空空如也！而原本負責遷葬的子孫已經死了，自此沒人知曉包公真正的埋葬地所在。

2011年畫家范曾的一幅〈包公私訪圖〉，在北京拍賣以人民幣一百六十八萬元成交，星巴克的包公杯大賣不已，合肥也推出以包公為主題的旅遊動線。當包公成為搖錢樹時，他的英魂卻猶如烏盆案的冤魂，還等著青天到來。

范曾　包公私訪圖　紙本設色
112×67cm　1985

12
出家與回家
闖王與歌后的歸鄉路

曾經是中國十大最受歡迎歌手之一的李娜，1997年的某天到湖南省的張家界天門山遊覽，她忽然頓悟。兩周後她歸隱到天門山的山巔潛心佛學，一個月後她更到五台山的普壽寺剃度出家！迄今她已經出家超過十五年，中國仍然有人在關心她的動態。三百多年前，闖王李自成的姪子李過，奉命以九艘大船將大批財寶秘密運至張家界，並且埋藏在天門山，三百多年過去了，尋寶人的足跡在天門山從未停過。

李自成的寶藏沒人見過，他所建大順王朝發行的永昌通寶銅錢，2004年中國嘉德的一場錢幣拍賣會中，五枚只賣出三百八十五塊人民幣！這價格和李自成寶藏的傳說極不相稱。依紀錄，在清朝時的中國首富是姓康的山西人，照日本人的研究，康氏發跡是拜李自成所賜！1907年《支那經濟全書》說，李自成敗走流竄到山西時，把部分金銀財寶埋在康家的院子，此後一去不復返，而康氏以這批財寶開創票號，

日本出版的《支那經濟全書》

李自成發行的永昌通寶
2004中國嘉德春拍錢幣專拍

自此晉商從荒郊野外一躍而起，主宰中國金融發展百多年。

李自成的錢從哪兒來？這要從他欠債說起。年輕時的李自成欠了一位姓艾的人一筆錢，因還不起而吃上官司，結果李自成先把債主給做了，又因為戴綠帽把老婆殺了，從此浪跡天涯成為流寇。造反之路上，他聚集愈來愈多的饑民組成大批武裝部隊，有一年在山西稱帝，建國號「大順」，最後攻下北京城。明朝的崇禎皇帝上吊自殺，李自成的部下以殘酷手段搜刮明朝遺臣，獲得巨大財富。至於有多少？坦白講，爛帳一筆！清初的學者計六奇所寫《明季北略》說，李自成擄獲的銀兩竟有「三千七百萬錠，錠皆五百兩」，也就是說，有一百八十五億兩白銀！（當時全世界的白銀恐怕也沒那麼多，故此數字不太可信）也有其他著作說，李自成等人共「刮」出了七千萬兩白銀。而《康熙實錄》則曾記錄康熙帝說：「明代萬曆年間，於養心殿後窖銀二百萬金，我朝大兵至，流寇攜金而逃，因追兵甚迫，棄之黃河。」無論數字如何，李自成應該是劫掠了一些財物，只是他的大將劉宗敏強奪人妻陳圓圓，她老公吳三桂因此引清兵入關，結果李自成被清軍打敗，只在北京稱帝四十一天又開始亡命天涯，直到他生命的最後一天。有趣的是，因為觀光資源的利益和寶藏魅力，從百年前到現在，許多人都認為李自成沒死，或死在他們指定的地方！

大部分的史料記載，李自成逃到湖北通山縣南九宮山，被地方居民給打死，於是有座他的墳墓。不過，就在一縣

之隔的通城縣人士則說，李自成是在他們那兒歸西的，所以也有李自成墓！精采的不只有雙胞墓，隔壁的湖南省早在清朝時就傳出，當初李自成在湖北遇襲後沒死，並且逃到湖南省石門縣夾山寺削髮為僧，並且改名奉天玉和尚，到康熙十三年圓寂於寺中。目前李自成墓在中國大陸至少有四座，十多個地方的人士宣稱，他們的家鄉才是闖王李自成生命終結處！至於李自成的寶藏在何方？更是眾說紛紜，連金庸的小說《雪山飛狐》中，眾人爭奪的也是李自成的寶劍。傳說之一是，本文開頭所說的李過，到了天門山後也削髮為僧，法號野拂，眼看無法東山再起，於是把財寶藏在深山中，並毒死參與埋寶的人們，從此便成歷史之謎。

曾叱吒一時的李自成，在老家蓋的行宮至今猶存，這位從流寇變皇帝的傳奇人物，從離開北京城後不但沒能回到家鄉，連其身後何處都是問號。而傳說藏有他寶藏的天門山，空谷幽深的景象，讓一代歌后李娜遁入空門，李娜後來去了美國的一座寺廟，2000年時，有人在美國問李娜：

「你為什麼出家？」

「我沒出家，我是回家！」穿著袈裟的李娜如是說。

（上）張家界的天門山
（下）出家前與出家後的李娜

13
錦衣衛與傻子

　　前陣子偶然在電視上看到甄子丹主演的《錦衣衛》，其中有段甄子丹掏出以黃金做的錦衣衛腰牌支付小吃店飯錢的劇情，頓時讓武俠片成了喜劇片！好奇之下，上網瀏覽影迷對這部片子的評價，果真有人嚴詞批判導演不考證，並且以北京首都博物館一件「錦衣衛指揮使馬順」的象牙腰牌為舉證。問題是首都博物館的馬順牙牌，也是一件假的錦衣衛腰牌，而且連維基百科也烏龍引用。

　　這塊橢圓形牙牌，長7.5公分，寬6.5公分，上刻勾雲紋，下刻「錦衣衛指揮使馬順」八字，背面還刻有「正統十四年八月吉日」的字樣。歷史上確有馬順其人，他是明英宗時的錦衣衛官員之一，當然他會持有識別之用的牙牌。而錦衣衛是明朝正式的官方單位，依照當時規定（其實現在也一樣）任何官方發出的識別證都會有編號。中國保利2009年秋拍時，曾有兩件明朝象牙腰牌，一件是翰林院使用，另一件則是錦衣衛發出的。錦衣衛牙牌邊上刻著「武字貳千玖百玖十壹號」，翰林院牙牌則刻有「文字伍佰玖十叄號」。錦衣衛的傳說很多，但流傳的文物極少，馬順的腰牌不僅形制不同，而且還刻著他的名字和官銜，偏偏馬順一輩子最高官階是「錦衣衛指揮同知」，這是從三品官，也就是副指揮官，而「指揮使」是正三品官，兩

〈錦衣衛指揮使馬順〉
牙牌，上書「錦衣衛指
揮使馬順」。

者位階不同。

　　在電影和小說情節中，錦衣衛不但神祕而且握有權力，同時壞事做盡，殘害忠良。這只是一部分事實，從現在角度來看錦衣衛是集維安特勤、國安局、調查局、軍情局、廉政公署和祕密警察於一身的怪獸組織。電影中錦衣衛人員的制服都相當講究，傳說中他們穿的是金黃色制服，配戴的是繡春刀，這些都沒有實物流傳，不過，台北故宮的兩幅巨作圖畫，〈出警圖〉與〈入蹕圖〉該是對錦衣衛最詳細描繪的寫實史料，這兩幅圖是記錄明神宗謁陵往返北京和天壽山的場景，〈出警圖〉為陸路行程，〈入蹕圖〉為水路行程，排場浩大，儀容壯盛，而其中離皇帝最近的武裝人員，其裝扮是迥異於其他兵士，〈出警入蹕圖〉是台北故宮最長的手卷，〈出警圖〉橫長26公尺，〈入蹕圖〉更超過30公尺，是研究錦衣衛的好材料！

出警圖（局部）　明代　絹本設色

　　錦衣衛人員會武功是合理的，但鐵定沒有甄子丹在電影中那麼高強，因為前述的馬順就是被文官活活打死的！

　　正統十四年（1449）明英宗聽從宦官王振的話，御駕親征瓦剌（也就是蒙古），結果不但失利，還成了俘虜，這是歷史上有名的「土木堡之變」，明朝國內大亂，群臣請求代理國政的監國郕王朱祁鈺，應該對王振採滅族的懲罰，而追隨王振的馬順出面痛罵百官無禮，結果一位大臣王竑發飆，衝上前去，揪著馬順的頭髮，不但大聲斥責，甚至氣到咬掉馬順臉上一大塊肉，隨後眾大臣也一擁而上，當場將馬順給搥死了。你說這大內高手的武功了得嗎？

拍賣出現的象牙雕翰林院
錦衣衛腰牌

　　首都博物館的馬順牙牌上面刻的「正統十四年八月吉
日」，是在婚喪時的用語，所以應該是馬順的家人處理後
事時，製作了這一塊象牙腰牌陪葬之用，並且擅自幫馬順
給升官了，沒想到百年後被人給挖了出來。

　　「演戲的是瘋子，看戲的是傻子」，甄子丹越來越
紅，又娶了嫩妻，他鐵定不是瘋子，都半夜四點了，我還
因為一部電影有所感觸在寫稿，你說我是不是傻子？

14
中華民國是靠賣古董誕生的

　　曾有熟識者問我，買古董會有獲利嗎？我說，你買的會不會賺錢我不知道，但我知道「中華民國」是靠賣古董的錢才創建的。當然，聞者莫不訝異！然後我會補上一句，建國的國民黨第一任主席就是古董商！

　　1906年，國父孫文先生在輪船上遇見了一位陌生人，此人有清朝駐外人員的身分，他主動向孫文表達善意，甚且願意支助革命，還約定了暗號A、B、C代表一萬、兩萬、三萬元，後來孫文姑且一試，結果每求必應，對方都依國父所需匯來款項。國父稱這位陌生人是奇人，日子久了，國父更讚譽他為「革命聖人」。

　　21世紀初，曾有人概算這位陌生人和他的家族，光是為辛亥革命就捐輸大約一百三十萬兩白銀以上，相當於本世紀初的兩千六百萬美元！這位革命聖人名叫張靜江，是後來國父孫先生的遺囑第一個簽名的見證人，也曾是蔣介石的拜把兄弟。

　　2006年，前中央社社長黃天才先生的藏品在北京專場拍賣，藏品其中之一的〈秋江水墨成扇〉就是張靜江和于右任的合作作品，可以看出張靜江的書畫才氣。2013年在杭州的一場拍賣，有一方白芙蓉石章，印文是「靜江無恙」，邊款「老缶刻」，這是吳昌碩為張靜江刻的自用印。有一

張靜江與于右任合作的成扇

個無法證實的傳說是，吳昌碩曾是張家專用的畫師，但張靜江的堂兄張石銘的確是吳昌碩當年最大的書畫買家之一，而在討袁護法時期，張靜江為了籌措軍費找上了張石銘，希望繼續援助孫文，兩人起了爭執，結果張靜江掏出了手槍頂住了堂兄的腦袋，最後張石銘妥協又幫了一次革命黨人。孫文是國民黨的總理，在他逝世後的1926年5月，張靜江當選國民黨中央執行委員會常務委員會主席，由他輔佐蔣介石進行北伐。

張靜江的家族在江西南潯是一等大戶人家，他們家族的故居現在是觀光景點了。張靜江的故居是尊德堂，正廳上掛著的對聯是孫中山先生寫的：「滿堂花醉三千客，一劍霜寒四十州。」生動點出了張靜江俠客般的個性。張靜江是第一個在法國開公司賺法國人錢的華商，而且大賺特賺，他在巴黎馬德蘭廣場四號開設通運公司，原本以茶葉為主，但當時正逢歐人瘋迷中國古董的時刻，於是張靜江

吳昌碩為張靜江所刻的印

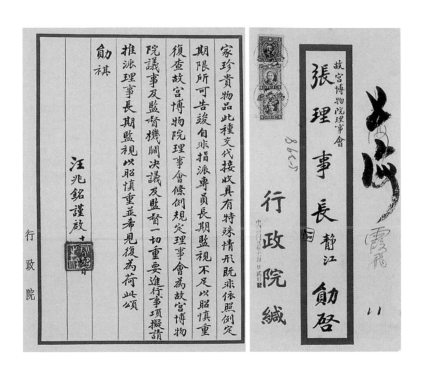

汪精衛寫給張靜江的書信，信封上有「故宮博物院理事會　張理事長靜江先生」的尊稱。

的通運公司就成了西方收藏家重要的供應商，他的手下曾在山西以十塊銀元買了一隻宋代的瓷缽，在法國則是以一萬美金賣出！

有人把盧芹齋C. T. Loo稱為中國古董教父，現今大都會博物館、波士頓美術館、法國奇美博物館許多重要中國文物都是C. T. Loo賣出的，而在C. T. Loo自立門戶前，最早他是張家的廚子，張靜江去法國時把C. T. Loo帶在身邊做為隨從僕役，沒想到改變了盧的一生，也影響了中國文物流浪的現代史，當然由此可推想出當年張靜江靠賣古董的非凡獲利，也才有能力當孫文的金主。

2013年10月4日起在上海有一「上海金融百年檔案展」，中國報紙的標題還說蔣介石當過證券經紀人炒股

票。這是真的，而當年蔣介石上班的恆泰號老闆便是張靜江，出主意的是國父孫中山，目的就是為了賺錢搞革命。

張靜江不僅在巴黎賣古董，在美國也開分公司，後來因為革命實在需要銀子，張靜江不斷從巴黎搬錢，最後通運公司改組關門。文物販子大概很難是故宮博物院的座上賓，不過，張靜江後來還當上了第二任的故宮理事會理事長。2008年3月23日中國嘉德的一次小拍，有一封汪精衛寫給張靜江的書信，信封上就有「故宮博物院理事會　張理事長靜江先生」的尊稱，這是故宮發展史上一份少有的文獻紀錄。

張家算是晚清時期的官家，結果張靜江反了滿清，投入了民主建國，他的子女也很反骨，國民黨寧漢分裂時，張靜江的第四個女兒張荔英和她老爸對立，站在共產黨那一邊。後來張荔英又嫁給了前武漢國民政府前外交部長陳友仁，那年陳友人五十五歲，張荔英二十四歲！

2013年5月，我赴港去看佳士得的拍賣，當時有一幅張荔英的油畫──〈水果〉，估價六十萬港幣，我佇立畫前心忖：「若沒妳那會賺錢的老爸，不知還有沒有中華民國！」

張荔英已過世二十年了，吸金的功力不輸她老爸張靜江，那張畫賣了港幣五百零七萬元。

張靜江之女張荔英的畫作高價賣出

15
中華民國是A貨

　　在麵粉比麵包貴的行業裡打拼，真不知如何估量前途，而翡翠買賣目前正是如此。

　　緬甸是全世界壟斷性的翡翠生產國度，2013年起由政府管理的翡翠原料公盤買賣，每年只進行一次，只有通過公盤才可交易出境，其他一律視為走私。翡翠原料價格因此猛然攀升，一塊標示為「7947號」的翡翠原石，質量普通，起拍底價五千八百歐元，最後成交價卻是一零八點九九九九萬歐元，足足暴漲一百八十七倍。整體市場的原料價格也開始波動，以致於中國大陸一些小型的玉器加工廠無力支撐，就地陣亡、關門大吉。不過，中華民國的行情應該也跟著看漲，因為中華民國的國璽就是以翡翠刻的。

　　依據總統府的資料，這方國璽重3.2公斤，連璽鈕部分全高為10公分，璽面為13.3公分見方，璽鈕上刻有青天白日國徽，並繫有寶藍色絲穗。這麼大的翠玉是民國十八年（1929）時廣東第八路軍總指揮的陳濟棠將軍，派專人在緬甸以九千五百銀元購得，然後捐給政府，前後花了三個月的時間琢磨雕刻，終於在民國十八年的國慶日正式啟用這方翠玉國璽。這方翠玉的種類較接近俗稱的豆青種，以現

中華民國之璽

代珠寶玉石的觀點來看，體積大，滿色，當時是難得一見
的原石，但缺乏現代人重視的水頭。陳濟棠當時捐贈的原
石總共製作了兩塊玉璽，一為國璽，另一個是中國國民黨
之璽。目前可見的資料中，全世界最大的翡翠璽印就是這
兩方了。

　　中國現代史上與翡翠最有關聯的女性，莫過於慈禧太
后和蔣宋美齡夫人了。慈禧我沒見著，蔣夫人在1980年末
期，回到台灣在陽明山中山樓發表演講時，我還在台視新
聞部服務，我把當時的拍攝帶，一遍又一遍的停格，瞧了
又瞧，目的就是欣賞她手腕上的翡翠鐲子。1997年，蔣夫人
百歲華誕，中美各界的賀客盈門，我從當時駐美特派員的
同事所拍攝的畫面，看到這位前中華民國第一夫人，穿著
紅黑相間的旗袍與小外套，氣質優雅的坐在高背椅上，兩
鬢旁露出晶瑩剔透的翡翠耳環，脖子上掛著一大串顏色勻
稱的翡翠珠鍊，雙手套著圓骨滿綠的翡翠手環，左手無名

百歲華誕時的蔣夫人，兩鬢旁露出晶瑩透剔的翡翠耳環，脖子掛著一大串顏色勻稱的翡翠珠鍊，雙手套著圓骨滿綠的翡翠手環，左手無名指戴著水頭十足的蛋面翡翠戒指。

指戴著水頭十足的蛋面翡翠戒指。雍容華貴四字正是最好的寫照！政壇一直有個說法，在民國20年代，上海聞人杜月笙花了四萬大洋，買了一對質地很好的翡翠鐲子送給老婆，結果蔣夫人看到後愛不釋手，杜夫人也就順勢送給了蔣夫人，也就是後來蔣夫人在紐約壽宴公開露面時所配戴的那對鐲子。

　　這對鐲子是出自民國時期最有名的珠寶商鐵寶亭，有一回市面出現一塊超高價的翡翠原石，大部分的人望之卻步，鐵寶亭把自己的房產抵押，又從拜把兄弟寧夏省主席馬鴻逵處取得金援，他將原石買下後，一開發現是滿綠的好原石，因此發了大財，也有了「翡翠大王鐵百萬」的稱號。中國嘉德拍賣早期的珠寶專家萬珺曾說過，當時曾有人拿來翡翠改件，她一眼就察覺這些改件種色俱佳，而且做工精良，追問之下發現正是當年鐵百萬經手的貨，後來這些改件在當時就以高價成交。

此戒指乍看像是祖母綠，梯形的切割方式也正是所謂的祖母綠切割法，不過戒面其實是翡翠，顏色極為濃郁，散發藍光，玻璃地種的晶瑩剔透散發誘人色澤。

　　附圖的戒指乍看像是祖母綠，梯形的切割方式也正是所謂的祖母綠切割法（Emerald cut），不過戒面其實是翡翠，顏色極為濃郁，散發藍光，玻璃地種的晶瑩剔透散發誘人色澤，這件戒指是一位老立委家族當年在北平從鐵寶亭處購得的，這種質地和切割模式現在幾乎不復可見。鐵寶亭曾經買到過溥儀的一串翡翠珠鍊，後來賣給了印尼糖業大王黃仲涵，2010年這串珠鍊出現在美國蘇富比，以一百九十八萬美元成交，隨後這三十顆大小均勻的翡翠圓珠串又回到了溥儀曾經風光的故里——北京，並且以兩千三百萬人民幣成交。

　　中華民國國璽的捐贈者陳濟棠曾是廣東地區的實權統治者，歷史上他一度和蔣介石是國民黨內定的中華民國正

副總統人選！在共產黨逃竄的「長征」期間，陳濟棠為不耗損自己實力，曾放了紅軍一馬。陳濟棠也一度叛變國府失敗；民國39年（1950）初，翡翠製成的中華民國之璽輾轉被護送到了台北，接著蔣介石到台灣復行視事，重掌這塊大印，同年陳濟棠也來到台灣任總統府戰略顧問，最後歿於台北，墓園在現在北投奇岩路上。那塊大翡翠國璽在每四年的總統就職時都由立法院長授予總統。今年，這兩位捧著國璽握手歡笑的人翻臉了！

國家圖書館出版品預行編目資料

風花雪月話古今：戴忠仁的國寶檔案
　/ 戴忠仁 著.--初版.
-- 臺北市：藝術家，2013.12
192面；17×24公分.--

ISBN　978-986-282-117-6（平裝）

1.古物　2.文集　3.中國

790.7　　　　　　　　102024327

風花雪月話古今
戴忠仁的國寶檔案

戴忠仁／著

發 行 人　何政廣
主　　編　王庭玫
編　　輯　林容年
美　　編　郭秀佩
出 版 者　藝術家出版社
　　　　　台北市重慶南路一段147號6樓
　　　　　TEL：（02）2371-9692～3
　　　　　FAX：（02）2331-7096
郵政劃撥　01044798 藝術家雜誌社

總 經 銷　時報文化出版企業股份有限公司
　　　　　桃園縣龜山鄉萬壽路二段351號
　　　　　TEL：（02）2306-6842
南區代理　台南市西門路一段223巷10弄26號
　　　　　TEL：（06）261-7268
　　　　　FAX：（06）263-7698

製版印刷　新豪華印刷股份有限公司
初　　版　2013年12月
二　　版　2014年6月
三　　版　2017年7月
定　　價　新臺幣380元
I S B N　978-986-282-117-6